AF279859

Adelheid Garg
Die Grenze als Ort der Verbindung:
über afrikanische Philosophie, europäische Aufklärung,
subjektzentrierte und kommunikative Vernunft.

Reihe Zukunftsperspektiven, Band 1, Hg.: Adelheid Garg

**Adelheid Garg, Dr. phil.** Ludwig-Maximilians-Universität München, ist Philosophin, Kulturpsychologin und Politikwissenschaftlerin; sie hat in Forschung und Lehre wissenschaftlich in und über Afrika und als Deligierte des Internationalen Roten Kreuzes in Afrika gearbeitet; sie war Gründerin und Leiterin von ARIDELA, Institut für interkulturelle Zusammenarbeit.

Luba, Nackenstütze

Foto Wikimedia Commons

Adelheid Garg

# Die Grenze als Ort der Verbindung:

über

afrikanische Philosophie,

europäische Aufklärung,

subjektzentrierte und

kommunikative Vernunft

Reihe Zukunftsperspektiven

Verlag: BoD · Books on Demand GmbH, In de Tarpen 42, 22848 Norderstedt
Druck: Libri Plureos GmbH, Friedensallee 273, 22763 Hamburg

ISBN: 978-3-7693-1633-9

Die Deutsche Nationalbibliothek verzeichnet dieses Werk in der Deutschen Nationalbibliographie; detaillierte bibliographische Daten sind im Internet über https://www.dnb.de abrufbar.

*„L'amor che move il sole e l'altre stelle"*

(Dante, Divina Commedia II, XXXIII)


Für Joseph Benedict Prabhu und Karl und Edeltrud Garg

# Inhalt

# Prolog:
## Ein Plädoyer für den homo ludens

„Im Nachspiel von Mozarts Orchester scheint die entzweite Menschheit selber versöhnt. Solche Versöhnung hat im Namen der Freiheit statt. Zerlinas Musik klingt, als dränge sie durchs offene Flügelfenster in den weiß goldenen Saal des 18.Jahrhunderts. Sie singt noch Arien, aber deren Melodien sind schon Lieder: Natur, deren Hauch den Bann des zeremonialen Wesen löst und doch noch von Formen umfangen ist, geborgen im verblassenden Stil. Im Bild Zerlinas hält der Rhythmus von Rokoko und Revolution inne. Sie ist keine Schäferin mehr und noch keine Citoyenne. Sie gehört dem geschichtlichen Augenblick dazwischen, und an ihr geht flüchtig eine Humanität auf, die unverstümmelt wäre vom feudalen Zwang und geschützt vor bürgerlicher Barbarei." (1)

Der Theodor W. Adorno hier huldigt, ist Wolfgang Amadeus Mozarts Zerlina, die „Episodenfigur" zwischen „hochgestelzten Herren und tragischen Damen", auf die, „über den Abgrund der Stände hinweg", der „unwiderstehliche Blick" Don Giovannis, des „halb schon ohnmächtigen Feudalen (...) auf seiner Flucht durch die Oper" gefallen ist.

Mozart bringt eine Hoffnung zum Klingen, die nicht nur den Aufklärern eigen ist. „Wenn der Löwe mit dem Lamm", imaginierte bereits der Prophet Jesaja. (2) Im 17. und 18. Jahrhundert aber macht

1

europäische Aufklärung es sich zur Aufgabe, solche Versöhnung unter den Postulaten der Freiheit, Gleichheit und Brüderlichkeit rational zu begründen und politisch-gesellschaftlich zu realisieren; sie will, so beantwortet Immanuel Kant 1784 die selbstgestellte Frage *Was ist Aufklärung?*, „den Ausgang des Menschen aus seiner selbstverschuldeten Unmündigkeit". (3)

„Aber die vollends aufgeklärte Erde strahlt im Zeichen triumphalen Unheils", lautet Horkheimer und Adornos Befundanalyse in *Dialektik der Aufklärung*, 1944, angesichts von Faschismus, zweitem Weltkrieg und atomarer Bedrohung. (4)

In der Aufklärung selbst, in ihren Theoremen wie in den Widersprüchlichkeiten der Epoche, lassen sich Ursachen dieses „triumphalen Unheils" bis in die Krisen unserer globalen Gegenwart hinein verorten − Fragwürdigkeiten und Schattenseiten des Projekts Moderne, dessen Anfänge bekanntlich nicht erst in der Aufklärung zu finden sind. Das Zeitalter der Lumières, des Enlightenment liegt zwischen kämpfenden Epochen.

Zwischen kämpfenden Epochen auch entwickeln sich die Kulturen des afrikanischen Kontinents. Im Zeitraum zwischen dem 16. und 18. Jahrhundert breiten sich über den Kontinent Revolten der ländlichen Bevölkerungen gegen ihre zunehmende Dezimierung, Verarmung und Oppression durch die dortigen, mit dem Sklavenhandel expandierenden Feudalreiche aus.

Wenn nun die Ideen von Freiheit, Gleichheit und Brüderlichkeit den afrikanischen Kontinent erreicht, wenn sie sich mit diesen

Rebellionen verbunden hätten? Im Revolutionsjahr 1789 datiert in Amerika Olaudah Equiano – im Königreich Benin frei geboren, als Kind von Sklavenjägern gefangen und an Sklavenhändler verkauft, Eigentum mehrerer Herren in den englischen Kolonien und in London, Teilnehmer am Siebenjährigen Krieg in Amerika, mit selbst verdientem Geld freigekauft – seine Autobiographie mit ausdrücklicher Bezugnahme auf das Datum der Französischen Revolution und die Postulate der Freiheit, Gleichheit und Brüderlichkeit. (5)

Das Narrativ von Afrika als einem geschichtslosen Kontinent „ohne Bewegung und Entwicklung" und „in die schwarze Farbe der Nacht gehüllt " (Georg Wilhelm Friedrich Hegel, 6) ist ebenso irrig wie verdunkelnd wirkmächtig; es hallt nach durch Philosophien, Politiken und Gesellschaften des 19. Jahrhunderts bis hinein in unsere Gegenwart und aktuelle Debatten um die Restitution in der Kolonialzeit geraubter Artefakte, um geldige „Wiedergutmachung" an Herero und Nama verübter Gräueltaten, um nur wenige Beispiele zu nennen.

Zwischen kämpfenden Epochen erscheint ein wiederentdeckter Philosoph der jungen Wittenberger Universität, Anton Wilhelm Amo – in Guinea frei geboren, als Kind nach Surinam verkauft, dem Herzog von Braunschweig-Wolfenbüttel „zum Geschenk" gemacht und schließlich Mitglied des Lehrkörpers der Universität Halle und, das ist in der Forschung noch umstritten, Hofrat am preußischen Hof. Amos Vita wirft ein Schlaglicht auf einige der Widersprüchlichkeiten dieser Zeit; sie lässt erkennen, was im frühen 18. Jahrhundert angelegt war und in einem aufgeklärten politisch-intellektuellen Milieu wirksam wurde.

Zum Ende des Jahrhunderts werden Phantasmagorien von „Rasse" Einzug gehalten haben und es wird länger als zwei Jahrhunderte dauern, bis ein gebürtiger Afrikaner wieder Mitglied einer europäischen Universität sein wird. Kant bezweifelt, dass es so etwas wie eine menschliche „Rasse" überhaupt gebe, benutzt gleichwohl das Theorem des „Phylum" als Hilfskonstrukt zur Kategorisierung und Erklärung der Welt. (7)

Im gegenwärtigen Diskurs eines paradigmatischen Wechsels von subjektiver zu kommunikativer Vernunft, in der „der Rigorismus der reinen Vernunft nicht wieder auferstehen darf" (Jürgen Habermas, 8), erhellen Philosophen und Philosophinnen afrikanischer Herkunft das historische Vergessen weiter Zeiträume der afrikanischen wie der europäisch-afrikanischen Geschichte; sie zeigen vergessene Verbindungspunkte in der Vergangenheit und Perspektiven in die globale Zukunft auf. „Sapere aude!" ist laut Kant der Wahlspruch der Aufklärer. (9)

„Was uns vorschweben muss, ist eine Politik des Menschlichen, die zutiefst eine Politik des Ähnlichen und Unseresgleichen ist, aber in einem Kontext, in dem wir vor allem Differenzen miteinander teilen.", schreibt Achille Mbembe zu Beginn des 21. Jahrhunderts. (10)

Zwei Jahrhunderte vor ihm imaginierte Wilhelm von Humboldt: „Wenn wir eine Idee bezeichnen wollen, die durch die ganze Geschichte hindurch in immer mehr erweiterter Geltung sichtbar wird (...), so ist es die Idee der Menschheit, das Besterben, die Grenzen, welche Vorurteile und einseitige Ansichten aller Art feindselig zwischen die Menschen gestellt, aufzuheben; und die gesamte Menschheit ohne Rücksicht auf Religion, Nation und Farbe als einen großen, nahe verbrüderten Stamm, als ein zur Erreichung eines Zweckes, der freien Entwicklung innerer Kraft, bestehendes Ganzes zu behandeln. Es ist dies das letzte und äußere Ziel der Geselligkeit und zugleich die durch die Natur selbst in ihn gelegte Richtung des Menschen auf unbestimmte Erweiterung seines Daseins." (11)

Wilhelm von Humboldt zeigt eine sprachliche Grundform solch „unbestimmter Erweiterung" auf: „*Du* aber ist dem *Ich* gegenübergestelltes *Er. Er* ist auch ein *Nicht-Ich* aber nicht wie das *Er* in der Sphäre aller Wesen, sondern in einer anderen, in der eines durch Einwirkung gemeinsamen Handelns." (12)

Afrikanische Philosophen und Philosophinnen der Gegenwart beschreiben ähnliche Bedeutungsinhalte in Bantu-Sprachen: „Igba-agba" meint einen „Verbindungspunkt unterschiedlicher Entitäten" (Mogobe Bernard Ramose, 13) „Inter-being", buddhistisch gesprochen. (Joseph Prabhu,14) „Im Anderen müssen wir *den gleichen Anderen* erkennen und anerkennen." (Jürgen Habermas, 15) „Das Fremde nicht in die Herrschaftsverhältnisse ganz oder teilweise zum Verschwinden bringen, (...) dem Fremden um seiner selbst willen Interesse abgewinnen." (Hubert Ivo, 16)

Von der Befähigung zu einer, so zu sagen, postkopernikanischen Wende innerhalb eines „Pluriversums", um einen von Ogobe Bernard Ramose verwendeten Begriff aufzunehmen (17), könnte die Zukunft menschlichen Lebens auf dem blauen Planeten, „our common home" (Joseph Prabhu,18) abhängen, von der Erkenntnis des „*mysterium tremendum* in allem" der Mensch als „zivilisiertes Wesen". (Karl R. Popper, kritischer Rationalist und John C. Eccles, Neurologe, in ihrer gemeinsamen Arbeit über *Das Ich und sein Gehirn*, 19)

Globale Kommunikation in Echtzeit; regional differente Lebensbedingungen verwoben mit globalen Handlungsstrukturen und-Regimen, mit Ursachen und Wirkungen globalen Klimawandels, mit dem Kampf um Ressourcen und um politisch-wirtschaftliche Einflussnahme; 120 Mill. Menschen mehrheitlich des globalen Südens auf der Flucht infolge des Verlusts ihrer Lebensgrundlage verursacht durch Umwelt- und Naturkatastrophen, benachteiligende Wirtschafts- und Handelspolitiken, Kriege und ethnisch-religiös begründete Vertreibungen; Landflucht und Slumbildungen in Megastädten des Südens; zunehmende wirtschaftliche Ungleichheit der Bevölkerungen auch im globalen Norden; das Erstarken populistisch-autoritärer Politik-Stile mit nationalistisch-rassistischen Instrumentarien; Eigendynamiken der Entwicklung Künstlicher Intelligenz…: die Herausforderungen des 21. Jahrhunderts lassen angesichts der interdependenten Strukturen des „Pluriversums" (Ramose) einen Wechsel der Paradigmen der subjekt- und eurozentrierten Weltsicht als im Wortsinn not-wendig erscheinen. In der Krisis liegt bekanntlich eine Chance.

Diese Arbeit ist eine Spurensuche in die Zukunft, eine Spurensuche nach „Residuen von Freiheit", nach „Tendenzen zur realen Humanität" (Horkheimer/Adorno, 20). Sie ist ein Plädoyer für den homo ludens, der es vermöchte, mit Ratio und Empathie seine einzigartige Individualität aus der Subjektzentrierung zu lösen, bereit zur „unbestimmten Erweiterung seines Daseins" (Wilhelm von Humboldt) in globalen Kommunikations- und Handlungsräumen, zum „Im-Offenen-Wohnen" (Achille Mbembe, 21).

„Im Spiel „spielt" etwas mit, was über den unmittelbaren Drang nach Lebenserhalt hinaus geht und in die Lebensbetätigung einen Sinn legt (…) Ein Tropfen Mitleid ist genug, um unser Tun über die Unterscheidung des denkenden Geistes emporzuheben", schrieb Jan Huizinga 1938 angesichts der drohenden Katastrophe. (22) Ersetzen wir das Wort „Mitleid" durch die heutige Konnotation seines griechischen Originals: Empathie

## Ausgangspunkte

*„Und das ist der Preis, um den ihr Europäer Zucker esst!"*
(Voltaire)

„Der Rektor und Senat der Wittenberger Universität entbieten dem geneigten Leser herzlichste Grüße.

Groß war einst das Ansehen Afrikas, sowohl im Hinblick auf die Talente als auch in bezug auf die wissenschaftlichen Bestrebungen und die kirchliche Organisation. Brachte es doch mehrere ganz außerordentliche Männer hervor, durch deren geistvolle Studien die Weltweisheit und ebenso die Gottesgelahrtheit begründet wurden. Den T. Terentius aus Karthago hat nach dem Urteil der Vergangenheit und der Gegenwart nichts an Klugheit im bürgerlichen Leben und an Geschmack übertroffen. Plato aber schien in den sokratischen Gesprächen des Apuleius aus Madaura unter so großem Beifall der früheren Jahrhunderte wieder Leben zu gewinnen, daß sich die Gelehrten in Parteien schieden und eine Partei der Apulaeianer auftrat, welche es wagten, mit den Ciceronianern um den Vorrang in der Redekunst zu streiten. Andererseits wie große Männer gingen in Afrika aus der christlichen Lehre hervor! Es mag genügen von den wichtigen Tertullian, Cyprian, Arnobius, Optatus Milevitanus und Augustinus zu nennen, deren Seelenadel mit ihrem umfassenden Wissen wetteiferte. Mit welcher Treue endlich und Standhaftigkeit sich die afrikanischen Kirchenlehrer für die Reinheit der Religion eingesetzt haben, davon sprechen ihre Denkmäler, ihre Akten, ihre Martyrien und Konzilien. Man tut nämlich der afrikanischen Kirche unrecht, wenn man lehrt, sie hätte immer ja gesagt. Wenngleich aber

9

auch durch den Einbruch der Arabermassen nach Afrika eine große Umwälzung eintrat, so wurde doch durch ihre Herrschaft das Licht der Geister oder Wissenschaft keineswegs ausgelöscht. Denn auf Anordnung dieses Volkes, zu dem die Wissenschaften hingewandert zu sein scheinen, wurden die Freien Künste gepflegt, und, nachdem die Mauren aus Afrika nach Spanien hinübergegangen waren, wurden zu gleich die alten Schriftsteller dorthin mitgenommen und leisteten die Pflege der Wissenschaften, die man anfing, der Vergessenheit zu entreißen, große Hilfe. So konnten die Wissenschaften Afrika zurückerstatten, was sie in soviel älterer Zeit empfangen hatten. Zu unserer Zeit aber soll dieser Erdteil fruchtbarer sein an anderen Dingen als an Studien. Dass er aber nicht erschöpft ist an Begabungen, das möge hier durch sein Beispiel beweisen der Hochberühmte Magister der Philosophie und der Freien Künste

## ANTON WILHELM AMO

## AFRIKANER AUS GUINEA

Geboren im äußersten Winkel des östlichen Afrika, kam er als ganz kleines Kind nach Europa. Er wurde in Halae Juliae getauft. Die Durchlauchtigsten Fürsten und Herzöge von Braunschweig-Wolfenbüttel

### August Wilhelm und Ludwig Rudolf

nahmen sich seiner mit solcher Milde an, dass er in der Sorge um seine Erziehung die Hilfe eines lieben Vaters nicht zu vermissen brauchte. Als man seine geistige Gelehrigkeit erprobt hatte, zog er nach Halle in Sachsen und kam dann, in verschiedenen Wissenschaften ausgebildet, zu uns. Und da er in seinem Eifer fortfuhr, gewann er die ganze philosophische Fakultät derart für sich, dass er von den Professoren einstimmig mit dem Lorbeer eines Doktors der

Philosophie geschmückt wurde. Diese Auszeichnung, die er sich dank seinem Genie erworben hatte, mehrte er noch durch seine rühmlich hervorragende Rechtschaffenheit, seinen Fleiß und seine Bildung, die er bei öffentlichen und privaten Übungen an den Tag legte. Indem er sich so führte, machte er sich allen besten und gelehrtesten beliebt und leuchtete mühelos unter seinen Altersgenossen hervor. Durch ihre Begeisterung für ihn beglückt und angeregt, lehrte er eine Reihe von ihnen zu Hause die Philosophie; er untersuchte die Lehrmeinungen sowohl der Alten wie der Neueren, wählte jedesmal das Beste aus und interpretierte das Ausgewählte klar und bündig. Dies aber zeigte seine ebenso große Fähigkeit im Begreifen wie im Lehren, und er wies sich nicht ungeeignet, einmal an der Universität das Lehramt zu übernehmen, wozu ihn auch eine natürliche Neigung hinzieht. Weil er daher unseren Erwartungen entsprochen hat, lag kein Grund vor, ihm das erbetene öffentliche Urteil durch unser Zeugnis zu versagen. Wir aber hoffen von ihm alles Gute und halten ihn der fürstlichen Gnade für würdig, die er liebevoll verehrt und in allen seinen Reden preist. Wir bitten Gott, er mög dieses Glück lange genießen können und die reichste Frucht seiner Hoffnung erlangen für das Heil des Besten und Größten

Fürsten Ludwig Rudolf

und für das Wohlergehen des ganzen Braunschweig-Wolfenbüttelschen Hauses, das durch so viele und so große Verdienste um ganz Deutschland berühmt ist.

Beurkundet und durch das aufgedrückte Siegel der Universität bekräftigt am 24. Mai 1733.

Dr. Johann Gottfried Kraus<br>zur Zeit Rektor der Universität."

Und:

„Dem hochberühmten Verfasser dieser Dissertation entbietet herzlichste Grüße der Vorsitzende Afrika und sein Land Guinea, das ganz weit von uns entfernt liegt und das einst von den Europäern Goldküste genannt wurde wegen des ungemein reichen Vorkommens von Gold, bevor es von uns als Ihr Vaterland bezeichnet werden konnte, in dem Sie das Licht der Welt erblickten, preisen wir mit vollem Recht als Mutter nicht allein vieler Güter und Naturschätze, sondern auch sehr fruchtbarer Talente. Unter diesen Talenten, Hochedler und Hochberühmter Herr, ragt besonders Ihr Talent hervor, dessen Fruchtbarkeit und Vortrefflichkeit Sie ebenso wie die Gediegenheit und Eleganz Ihres Wissens bis jetzt durch viele Proben auch an unserer Universität unter großem Beifall aller Gutgesinnten hervorragend bewiesen haben, so auch in der vorliegenden Dissertation. Ich gebe Sie Ihnen, wie sie von Ihnen ganz selbständig, elegant und kenntnisreich ausgearbeitet worden ist, noch unverkürzt und unverändert zurück, damit die Kraft Ihres Geistes um so mehr daraus hervorleuchte. Eines bleibt noch zu tun: Ich gratuliere Ihnen von Herzen zu diesem hervorragenden Beweis Ihrer feinen Bildung und wünsche Ihnen dazu alles Gute mit herzlicherer Zuneigung, als sie mit Worten ausgesprochen werden kann. Und ich empfehle Sie ergebenst und demütig der Gnade Gottes und des Erhabensten und Besten Fürsten

Ludwig Rudolf,
für dessen Wohlergehen und Gesundheit ich niemals ermüden werde, die Majestät Gottes anzuflehen.

Gegeben zu Wittenberg in Sachsen, im Monat April im Jahre der Welterlösung 1734" (23)

Die Laudationes der jungen Universität zu Wittenberg auf Ihren Doktor der Philosophie und seine Empfehlung für ein Lehramt erscheinen heute als eine Sternstunde der Aufklärung inmitten der widerstreitenden Kräfte und Entwicklungen des 18. Jahrhunderts; beide Texte sind daher vollumfänglich hier wiedergegeben. Amos Wiederentdeckung kann mit Driss Gharmoul als Bestätigung eines Universalitäts- und Menschenrechtsideals verstanden werden. Er zitiert aus Amos *Traktat über die Kunst des richtigen Philosophierens (Tractatus de arte sobrie et accurate philosophandi*, Halle 1738); der *Tractatus* wird in der Amo-Forschung als Habilitationsschrift gesehen:

„Le droit naturel a pour finalité la conservation égale et mutuelle de tous et de chacun. Le droit des peuples a pour object les devoirs communs à ceux que lie le contrat. Le droit des peuples ne tire sa consistence que de consensus des peuples." (24)


Wissenschaften und Technik, die Entdeckung fremder Welten werden im 18. Jahrhundert weiter vorangetrieben, feudale und kirchliche Machtansprüche infrage gestellt, Freiheitsrechte der Person als handelndes Subjekt als Menschenrecht definiert; gleichzeitig wird die fremde Welt zum legitimen Objekt kolonialer Eroberung erklärt; Ausbeutung, Unterdrückung und Sklavenhandel werden systemische Wirtschaftsfaktoren.

Zum Ende des Jahrhunderts werden sie mit dem Phantasma der physischen Anthropologen von der „Rasse" zur Verortung des Menschen - auf „raca" einen Begriff aus der Reconquista Spaniens zur Diskriminierung der zum Christentum konvertierten Juden und Muslime anhand physischer Merkmale zurückgreifend- eine neue, vermeintlich wissenschaftlich fundierte Ordnung in die von Europa beherrschte Welt eingezogen haben, eine vermeintlich entwicklungsgeschichtlich begründete Hierarchie qualitativer

Differenzen. Nachnapoleonisch werden sie es verbinden mit der Idee von der Größe der Nation und nutzbar machen zur Legitimation kolonialer Herrschaft und Ausbeutung.

Für Hannah Arendt war die Shoa der logische Höhepunkt des Kolonialismus. Als Anspruch auf „white supremacy" und „völkische" Herrschaft bedroht der Wahn von der „Rasse" heute unsere westlichen Demokratien von innen und außen. „Die Geister, die ich rief", um mit Goethe in die Zeit der späten Aufklärung zurückzukehren. Hier, an der jungen Universität zu Wittenberg der 1730er Jahre, hat der Begriff noch nicht Einzug gehalten; auch die Hautfarbe ihres Doktors und Magisters ist offenbar nicht erwähnenswert; erwähnenswert sind allein seine fachlichen, pädagogischen und persönlichen Qualitäten. Seiner afrikanischen Herkunft begegnet man mit Empathie und Wissen um das afrikanisch-europäische Erbe aus augusteischer und maurischer Zeit, mit Anerkennung Afrikas als „Mutter fruchtbarer Talente". Deutlich die Kritik an gegenläufigen Entwicklungen in Europa: „Zu unserer Zeit aber soll dieser Erdteil fruchtbarer sein an anderen Dingen als an Studien." Immanuel Kant wird später von den „Mächten" sprechen, "die von der Frömmigkeit viel Werks machen und, indem sie Unrecht wie Wasser trinken, sich in der Rechtgläubigkeit für Auserwählte gehalten wissen wollen." (25)

Der prekäre soziale Status des Kinds bei dessen Ankunft am Braunschweiger Hof wird nicht ausdrücklich benannt – er war allgemein bekannt -, die väterliche Fürsorge des Herzogs, die „den Vater nicht vermissen ließ", gelobt.

„Aus der Versöhnung mit den Endlichkeitsbedingungen menschlichen Daseins", schreibt Hubert Ivo in einer Arbeit über Wilhelm von Humboldt, erwachse erst die Möglichkeit, die eigene mit

14

fremden Welterfahrungen und ihren Kommunikationstraditionen in ein liberales Verhältnis zueinander zu setzen.

„Also:

-die Geringschätzung des Fremden zu überwinden;
-das Fremde nicht in die Herrschaftsverhältnisse ganz oder teilweise zum Verschwinden zu bringen;
-sich selbst nicht in Unterwerfungsverhältnissen im Fremden zu verlieren;
-dem Fremden um seiner selbst willen Interesse abzugewinnen."

Wilhelm von Humboldt, bereits im 19. Jahrhundert und doch im Geist der Aufklärung, spricht von „lichtvoller Erkenntnis der Verschiedenheit" und beschreibt in *Über den Dualis* eine sprachliche Grundform hierfür. (27) Im folgenden Kapitel werde ich darauf näher eingehen.


Hier in Wittenberg leuchtet solche „lichtvolle Erkenntnis von Verschiedenheit" auf, auf Seiten der Universität wie auf Seiten ihres afrikanischen Magisters, der auf seinen Namenszusatz „Afri Guinea" Wert gelegt haben soll.

Später, in Jena, wird Amo in das Stammbuch eines Freundes schreiben:

„Necessitati qui se accomodat sapit, estque rerum Divinarum conscius." („Wer sich der Notwendigkeit anzupassen weiß, ist weise und sich göttlicher Dinge bewußt.") Möglicherweise reflektiert das Epiktet-Zitat die ihn in Jena bedrängenden Lebensumstände, die ihn bewogen, in sein Geburtsland Ghana zurückzukehren. Amo selbst nennt in einem Gespräch mit dem Schweizer Schiffsarzt Gallandat als Grund eine „Schwermut", die ihn nach dem Tod seines „Meisters", des Freundes und Kanzlers der Universität Halle von Ludewig, befallen habe. (28)

In Amos Lebensgeschichte erscheinen einige der widerstreitenden Kräfte des 18. Jahrhunderts wie in einem Brennpunkt. Die Wiederentdeckung seines Werks integriere sich in das Ideal der Aufklärung der Universalität, die jede Provinzialisierung und Starre zurückweise. Gharmoul zitiert zum Beleg Amo:

„...une démarche de l'intellect et de la volonté au cours de laquelle , de facon précise et adéquate, l'on se penche sans cesse, autant que l'on se peut, sur la chose même qui gagne à  etre connue dans certitude, afin que, par la mise en application de cette connaissance, notre perfectionnement s'accroisse." (29)

Die Angaben zur Biographie sind noch lückenhaft; sie stützen sich vornehmlich auf den Taufbucheintrag, auf Dokumente der Universitäten Halle, Wittenberg und Jena, einen Stammbucheintrag Amos, seinen Antrag auf eine kostenlose Schiffspassage zurück nach Axim, Notizen des Schweizer Schiffsarztes David Henrij Gallandat aus dem Jahr 1752, auf einen Brief Johann Friedrich Blumenbachs aus 1787 und einen fünfseitigen Enzyklopädie-Eintrag des Abbé Henri Grégoire im Jahr 1808. (30)

Seit der Wiederentdeckung seiner Wittenberger Dissertation durch den Bibliothekar der Universität Halle-Wittenberg im Jahr 1916 steht die Amo- Rezeption in unterschiedlichen ideologischen oder politischen Kontexten und gilt überwiegend seiner Lebensgeschichte. (31) Im Erklärungszusammenhang dieser Arbeit steht Anton Wilhelm Amo Guinea Afri - sein Leben und sein Werk – als Philosoph der Aufklärung in der ersten Hälfte des 18. Jahrhunderts.

Amo wurde in den ersten Jahren des 18. Jahrhunderts in Axim im damaligen Guinea an der sg. Goldküste Westafrikas frei geboren, im Alter von vier oder fünf Jahren verkauft und gemeinsam mit seinem Bruder an Bord eines holländischen Schiffes der West-Indian Companie zunächst nach Surinam gebracht, wo der Bruder auf einer Zuckerrohrplantage verblieb. Er selbst wurde weiter nach Amsterdam verbracht - möglicherweise hatte er dort eine Ausbildung zum Pastor der Holländisch-Reformierten Kirche erhalten sollen - und von dort weiter „als Geschenk" an den herzoglichen Hof Braunschweig-Lüneburg in Wolfenbüttel. Herzog Anton Ulrich ließ Amo dort christlich taufen, gab ihm die Taufnamen Anton Wilhelm und förderte seine ausgezeichnete Bildung.

Diese biographischen Daten sind belegt:

-29. Juli 1707: Eintrag in das Taufregister der Schlosskapelle Wolfenbüttel
-09. Juni 1727: Immatrikulierung an der Universität Halle
-1729: Disputatio „De iure Maurorum in Europa". Die Disputatio der rechtswissenschaftlichen Dissertation zur rechtlichen Stellung von Afrikanern in Europa ist belegt; die Arbeit gilt (noch) als verschollen.
-02. September 1730: Immatrikulierung an der Universität Wittenberg
-1733: Promotion an der Universität Wittenberg: „Dissertatio inauguralis philosophica de humanae mentis ΑΠΑΘΕΙΑ seu sensionis ac facultatis sentiendi in mente humana absentia et earum in corpore nostro organica ac vivo praestabtia."
Wittenberg, Schlomacher, 1734 („Philosophische Inauguraldissertation über Die ΑΠΑΘΕΙΑ der menschlichen Seele und Das Vorhandensein von beiden in unserem organischen lebenden Körper")
-29. Mai 1734: Vorsitz im Annahmeverfahren der Dissertation eines Studenten der Philosophie und der Rechte, Johannes Theodosius

Meiner, zu einem verwandten Thema: „Disputatio philosophica continens ideam distinctam eorum quae competunt vel menti vel corpori nostro vivo et organico, quam consentiente philosophorum ordine Consentiente Amplissimum Philosophrum Ordine Praeside M. Antonio Guillielmo Guinea-Afro in Auditorio Philosophica. („Philosophische Disputation der distinkten Idee über jene Dinge, die weder dem Verstand noch unserem lebendigen organischen Körper angehören.")

-21. Juli 1736: Zulassung als Dozent an der Universität Halle.

-1738: „Tractatus de arte sobrie et accurate philosophandi des Herrn Guilielmi Amo Guinea-Afri, Philosophiae et artium magistri". („Traktatus über die Kunst des richtigen Philosophierens") Der Tractatus wird in der Amo-Forschung als Habilitationsschrift gewertet.

-27.Juni 1739: Antrag auf Nostrifikation an der Universität Jena; vom 17. Juli datiert sein erster handschriftlicher Vorlesungsanschlag.

Ob Amo danach als Hofrat an den preußischen Hof wechselte, wie Johann Friedrich Blumenbach 1787 und Abbé Henri Grégoire 1808 behaupteten, ist umstritten; es würde aber fehlende weitere Einträge an der Jenaer Universität erklären. Gemeint ist jener Johann Friedrich Blumenbach, einer der Protagonisten der „Rasse-Forschung" im ausgehenden 18. Und im 19. Jahrhundert. (32)

-5.Mai 1740: Eintrag eines Epiktet-Zitats in das Stammbuch seines Freundes A. Achenwall: „Necessitati qui se accomodat sapit, estque rerum Divina." („Wer sich der Notwendigkeit anzupassen versteht, ist weise und göttlicher Dinge bewusst.") Laut Burchard Brentjes datiert der Eintrag den 5. Mai 1740, laut Monika Flierla erfolgte er am 5. Mai 1746. (33)

-3. März 1746: Antrag bei der holländischen West-Indian-Comp. auf eine kostenlose Passage nach Axim.

-1746 oder 1747: Rückkehr nach Axim; das genaue Datum seiner Rückkehr ist in der Amo- Forschung strittig.

Amos Gründe zur Rückkehr in sein Geburtsland, dessen Sprache ihm aller Wahrscheinlichkeit nach fremd war, sind nur zu vermuten. Amo selbst nannte laut den bereits zitierten Aufzeichnungen eines Schiffsarztes der holländischen West-Indian-Com, Gallandat, der Amo in Axim besuchte, eine Schwermut, die ihn nach dem Tod seines Förderers und alten Freundes von Ludewig, Kanzler der Universität Halle, befallen habe. (34)

Die Amo-Forschung sieht weitere mögliche Gründe in Geldsorgen nach dem Tod seines herzoglichen Förderers und in akademischen Richtungsstreitigkeiten. Pietisten hätten Amo „durch die Universitäten gehetzt", schreibt Kwame Nkrumah in einem Brief an Brentjes. (35)

Als eine Intrige in Form eines Spottgedichts anzüglich einer nichterwiderten Liebe zu einer Hallenserin 1747 gedruckt erscheint, hat Amo Deutschland bereits verlassen:

„Herrn Amo zu Jena, Eines gelehrten Mohrens Galanter Liebesantrag (…) Weil mich der schönste Mohr zur Liebe nicht beweget, im Mohrenland kann dein Stern ohn Untergehen Dir noch vielleicht entstehen."

Justin E. H. Smith sieht hier eine „signifikante Verschiebung von Amos gesellschaftlicher Identität markiert"; die Quellenlage lege nahe, dass Amo in seinen Vierzigern „erstmals als ‚Schwarzer' definiert wurde".

„Bevor ihn das Thema der ‚Rasse' im Kleid der Wissenschaft hätte berühren können, traf es ihn in Form eines Witzes. Dies mag die wahre Reihenfolge der Geschichte sein: erst Farce, dann Tragödie. Spontane Pöbeleien, von Institutionen mit dem Ernst der Wissenschaft unterfüttert und mit Gewalt durchgesetzt, um Rechte zu gewähren oder vorzuenthalten, um das Menschsein anzuerkennen oder abzusprechen – und all dies auf der Basis der Illusion." (36)

19

Über Amos Leben nach seiner Rückkehr in sein Geburtsland wissen wir wenig. Er soll mehrmals seinen Wohnort gewechselt haben und in Chama, einer holländischen Festung im heutigen Ghana, im Jahr 1758 oder 1759 gestorben sein; seine Grabstelle befindet sich an der äußeren Festungsmauer. Auskunft gibt der erwähnte Bericht des Schweizer Schiffsarztes David Henrij Gallandat:

„Während er auf dieser Reise nach Axim an der Goldküste war, stattete er dem berühmten Herrn Anthonius Guilielmus Amo Guinea Afer, Doktor der Philosophie und der freien Künste Magister, einen Besuch ab. Er war ein Neger, der etwa 30 Jahre in Europa gelebt hatte-Er war im Jahr 1707 in Amsterdam und wurde dem Herzog von Braunschweig, Anthon Ulrich, geschenkt, der ihn seinem Sohn Augustus gab. Dieser ließ ihn in Halle und Wittenberg studieren, wo er im Jahr 1727 zum Doktor der Philosophie und Magister der freien Künste promoviert wurde. Einige Zeit später verschied sein Meister, das machte in sehr schwermütig, und er beschloß, in sein Vaterland zurückzukehren. Er lebte dort als Eremit und hatte unter den Seinen den Ruf eines Wahrsagers. Er war verschiedener Sprachen mächtig: Hebräisch, Griechisch, Latein, Französisch, Hoch- und Niederdeutsch; er hatte grosse Kenntnisse in Astrologie und Astronomie und war ein großer Weissager; er war ungefähr 50 Jahre alt. Sein Vater und seine Schwester lebten noch und wohnten vier Tagereisen landeinwärts. Er hatte einen Bruder, der Sklave war in der Kolonie von Surinam. Später ist er von Axim fortgeszogen und nahm in der Festung der West-Indischen Com.St. Sebastian in Chama Wohnung." (37)


Offiziell war der Herzog von Braunschweig nicht an Sklaverei und Sklavenhandel beteiligt; im Geltungsbereich des Römischen Rechts in Deutschland und Mitteleuropa waren sie, anders als im Einflussbereich des Osmanischen Reichs in Osteuropa, aufgehoben. Gleichwohl gab es auch hier diverse Formen feudaler Leibeigenschaft

Die Anwesenheit versklavter Afrikaner und Afrikanerinnen an europäischen Fürstenhöfen war nicht ungewöhnlich: „Hofmohren" als Diener und Lakaien waren Teil barocker Hofhaltung und beliebte exotische Prestigeobjekte zum Zeichen von Reichtum, weltläufiger Macht und Bildung. „Sklaven ohne Sklaverei", wie Ette formuliert. (38)

Einige, wie „Hannibal" am Hof des russischen Zaren, erlangten Berühmtheit; nur wenige hatten die Chance zu gesellschaftlichem Aufstieg. Joseph Boulogne, Chevalier de Saints-Georges, Musiker am französischen Hof und während der französischen Revolution Kommandeur der Légion des Américains et du Midi, war 1745 in Guadeloupe als illegitimer Sohn eines Franzosen und einer Sklavin geboren worden.

An die „Hofmohren" erinnern noch Namen von Straßen oder Apotheken, fürstliche, kirchliche oder städtische Wappen. Im Übrigen aber ist dieser Teil unserer Geschichte weitgehend in Vergessenheit geraten:

-dass die Bevölkerung Lissabons vor dem großen Brand im Jahr 1755 zu 10% aus Sklaven, Sklavinnen und Fürsten afrikanischer Herkunft bestanden hatte;
-dass das Moulang (fr. moulin = Mühle), Rokoko-Dörfchen à la chinoise im Park des Schlosses Wilhelmshöhe und Namensgeber des heutigen Kasseler Stadtteils Mulang, von afrikanische „Kammermohren" bewirtschaftet wurde. (39)

Einige der Gebäude des Moulang, wie die chinesische Pagode, sind erhalten. 2013 erklärte Unesco den Bergpark Schloss Wilhelmshöhe mit seinen Wasserspielen, den Anlagen für naturnahe höfische Festlichkeiten und dem Moulang zum Weltkulturerbe. Dieser Teil seiner Geschichte - die der afrikanischen Bewohner und Bewohnerinnen des Moulang - blieb, meines Wissens, im Dunkeln.

In seiner ersten, seiner rechtswissenschaftlichen Disputatio, zwei Jahre nach seiner Immatrikulation an der Universität Halle gehalten, diskutiert Amo die Rechtssituation der Afrikaner in Europa unter Römischem Recht. Die Arbeit wird vom Rektor der Universität von Ludewig angekündigt und zusammenfassend dargestellt; warum kein Druck bekannt ist, wissen wir noch nicht. Möglicherweise ist er verschollen; möglicherweise wurde die Dissertation nicht gedruckt; möglicherweise hat Amo sie wegen der Brisanz des Themas zurückgezogen.

Ottmar Ette erinnert daran, dass Im März 1758 der preußische König ein Gesetz zum Verbot der Sklaverei erließ, für das Wilhelm von Humboldt sich stark gemacht hatte: „Sklaven werden von dem Augenblick an, wo sie preußisches Gebiet betreten, frei. Das Eigentumsrecht des Herrn ist von diesem Moment an erloschen." (40)


Die Ideen der individuellen Freiheits- und Menschenrechte liegen in der Luft, feudale Verfügungsgewalt über Untertanen und Bedienstete, nicht nur über Sklaven, die es offiziell als solche nicht gibt, reicht weit:

Mozarts Figaro kämpft, erfolgreich, gegen das Ius primae noctis des Dienstherrn seiner Verlobten Zerlina: Almaviva, der Graf mit der lebendigen Seele, hat es offiziell zwar aufgegeben, würde es aber doch zu gern noch durchsetzen wollen. „Se vuol ballare, Signor Contino" (W.A. Mozart, Le Nozze di Figaro., KV 492, 1.Akt, 3.Szene / Libretto: Lorenzo da Ponte)

In Mozarts Singspiel „Zaide" versucht die Europäerin Zaide, Sklavin in osmanischer Gefangenschaft, ihre Liebe zu einem ebenfalls europäischen Sklaven gegen die Gewalt des Sultans zu verteidigen; ein Fluchtversuch scheitert; es droht blutige Rache des Sultans. Die

Partitur blieb fragmentarisch; die Uraufführung fand postum im Jahr 1866 statt:

„Ihr Mächtgen seht ungerührt auf Eure Sklaven nieder, und weil euch Glück und Ansehn ziert, verkennt ihr eure Brüder. Nur der kennt Mitleid, Huld und Gnad', der eh' man ihn zum Rang erhoben, des wandelbaren Schicksals Proben im niedern Staub gesammelt hat." (W. A.Mozart, „Zaide", KV 344, 336b, Arie 14 / Libretto Johann Andreas Schachtner)

In „Entführung aus dem Serail" greift Mozart das Thema zeitnah auf – KV384, 1782- und führt es zu einem versöhnlichen Schluss: die Spanierin Konstanze und ihre englische Zofe sind von Piraten gefangengenommen und auf einem Sklavenmarkt zum Kauf angeboten worden. Bassa Selim, der beide erwirbt und in seinen Serail überführt, liebt Konstanze und respektiert ihre Zurückweisung. Als der Befreiungsversuch ihres Verlobten und dessen Dieners scheitert, zeigt Bassa Selim Großmut: er schenkt den vier Personen die Freiheit; sie erfahren, dass sein Schicksal Grund hätte sein können, Rache an ihnen zu nehmen: er hat in Belmonte, dem Verlobten Konstanzes, den Sohn des Feindes erkannt, der für den Tod seiner Schwester verantwortlich war. (Libretto: Johann Gottlieb Stephanie)

Die Bedrohung durch das Osmanische Reich und seine Janitscharenkorps, die Belagerung Wiens sind noch unvergessen. Mozart und sein Librettist wechseln die Perspektiven und bringen zur Aspiration der Liebe und Freiheitsliebe die von Großmut und Vergebung. Großmut und Vergebung dessen, bei dem das Publikum sie nicht erwartete: beim Fremden.

Sklaverei und Sklavenhandel sind inkompatibel mit den Postulaten der Aufklärer am Vorabend der Französischen Revolution: Liberté-

Égalité-Fraternité. Das 18. Jahrhundert war beides zugleich: ein Jahrhundert der Aufklärung u n d der Gegenaufklärung und Verschwörungstheorien (41), der Definition von allgemeinen Menschenrechten u n d ihrer ausgrenzenden Zuschreibung, der wissenschaftlichen Erforschung der Welt und Entdeckung fremder Welten u n d ihrer politisch-kulturellen Unterwerfung und wirtschaftlichen Ausbeutung, des expandierenden europäischen Kolonialismus und Höhepunkt des Sklavenhandels. Voltaires *Candide* reflektiert die Widersprüchlichkeiten:

„Auf dem Weg zur Stadt (Surinam) sahen sie einen Neger am Boden liegen, der nur noch die Hälfte seiner Kleidung, das heißt ein Hosenbein aus blauer Leinwand, anhatte. Dem armen Kerl fehlte das linke Bein und die rechte Hand. ‚Mein Gott!' rief Candide, was machst du hier in diesem fürchterlichen Zustand, mein Freund?' – ‚Ich warte auf meinen Gebieter, den Herrn Vanderdendur, den bekannten Handelsherrn ,, antwortete der Neger. ‚Hat dich dieser Herr Vanderdendur so zugerichtet?' erkundigte sich Candide. ‚Ja Herr', erwiderte der Neger, das ist hier so Sitte. Zwei Leinwandhosen jährlich – das ist die ganze Kleidung, die man uns gibt. Wir arbeiten in den Zuckerraffinerien, und wenn uns das Mühlrad einen Finger abreißt, so schneidet man uns die ganze Hand ab. Machen wir einen Fluchtversuch, hackt man uns ein Bein ab: das habe ich alles durchgemacht. Und das ist der Preis, um den ihr Europäer Zucker esst! Als meine Mutter mich für zehn patagonische Taler an der Küste von Guinea verkaufte, sagte sie zu mir: ‚Mein Kind, halte unsere Fetische in Ehren und bete sie an, dann wirst du ein glückliches Leben führen. Dir wird die Ehre zuteil, Sklave unserer Gebieter, der Weißen, zu sein, und dadurch machst du deine Eltern glücklich. ‚Ach, ich weiß nicht, ob ich ihnen Glück gebracht habe, mir haben sie jedenfalls keins gebracht!

Die Hunde, Affen und Papageien sind lange nicht so unglücklich  wie wir. Die holländischen Fetischisten, zu denen ich mich bekehrt habe, sagen mir jeden Sonntag, daß wir alle, Schwarze wie Weiße, Kinder Adams seien. Nun – ich verstehe nichts von Genealogie, aber wenn diese Prediger die Wahrheit sagen, sind wir alle Geschwisterkinder. Dann müssen sie aber zugeben, daß man seine Verwandten wohl kaum scheußlicher behandeln kann." (42)

Er könnte der Bruder Amos gewesen sein, der Mann auf der Zuckerrohrplantage Surinams, den seine Mutter an der Küste Guineas „für 10 patagonische Taler" verkaufte, in der Hoffnung er werde so „ein glückliches Leben führen" können.

Im Vorwort zu seiner *Candide*-Ausgabe erinnert der Insel-Verlag erinnert daran, dass das 1758 entstandene Buch im März des Folgejahres in Genf öffentlich verbrannt und im Jahr 1762 vom Vatikan auf den Index gesetzt wurde. Voltaire sei zu einem „unerschrockenen Kämpfer für Toleranz und Aufklärung geworden".

Gotthold Ephraim Lessing schreibt ihm ein Epitaph: *Grabschrift auf Voltaire 1779:*

„Hier liegt – wenn man euch glauben wollte, Ihr frommen Herr'n! – der längst hier liegen sollte. Der liebe Gott verzeih aus Gnade Ihm seine Henriade, Und seine Trauerspiele, Und seiner Verschen viele: Denn was er sonst ans Licht gebracht, Das hat er ziemlich gut gemacht." (43)

Bereits im Jahr 1736 hat Voltaire leidenschaftlich Partei für eine versklavte peruanische Prinzessin und gegen die Vernichtung und Versklavung der indigenen Bevölkerung Südamerikas durch die Spanier genommen: *Alzire und die Americaner.* Die heutige Kritik allerdings wirft ihm wie anderen Protagonisten der europäischen

Aufklärung Widersprüchlichkeiten in ihren Äußerungen zu Sklaverei und kolonialer Ausbeutung vor: So habe Voltaire die Praktiken des eigenen Landes, Frankreich, geflissentlich übersehen; Sklavenschiffe hätten Namen wie *Le Contrat Sociale* oder *Voltaire* getragen. Alain Goesh, erinnert daran, wie der Sklavenhändler Mosnerou an Bord der *Comte d'Hérouville* eine Aufführung der *Alzire* mit Rührung sah, während unter Deck afrikanische Sklaven für die Karibik zusammengepfercht hockten. (44)

Kant – in Königsberg nicht frei von unqualifizierten Äußerungen über die Bewohner des fernen, ihm unbekannten Afrika – kritisiert 1795 in seiner Spätschrift *Vom ewigen Frieden* die „vornehmlich handeltreibenden Staaten unseres Welttheils" ob ihrer „allergrausamste(n) und ausgedachteste(n) Sklaverei":

„Vergleicht man hiermit das *inhospitale* Betragen der gesitteten, vornehmlich handeltreibenden Staaten unseres Welttheils, so geht die Ungerechtigkeit, die sie in dem *Besuche* fremder Länder und Völker (welches ihnen mit dem *Erobern* derselben für einerlei gilt) beweisen, bis zum Erschrecken weit. Amerika, die Negerländer, die Gewürzinseln, das Cap waren bei ihrer Entdekkung für sieLänder, die keinem angehörten; denn die Einwohner rechneten sie für nichts. In Ostindien (Hindustan) brachten sie unter dem Vorwande blos beabsichtigter Handelsniederlagen fremde Kriegsvölker hinein, mit ihnen aber Unterdrückung der Eingebornen, Aufwiegelung der verschiedenen Staaten desselben zu weit ausgebreiteten Kriegen, Hungersnoth, Aufruhr, Treulosigkeit und wie die Litanei aller Übel, die das menschliche Geschlecht drücken, weiter lauten mag. (...) Daß Ärgste hiebei (oder, aus dem Standpunkt eines moralischen Richters betrachtet, das Beste) ist, daß sie dieser Gewaltthätigkeit nicht einmal froh werden, daß alle diese Handlungsgesellschaften auf dem

Punkte des nahen Umsturzes stehen, daß die Zuckerinseln, dieser Sitz der allergrausamsten und ausgedachtesten Sklaverei, keinen wahren Ertrag abwerfen, sondern nur mittelbar und zwar zu einer nicht sehr löblichen Absicht , nämlich zu Bildung der Matrosen für Kriegsflotten und also wieder zu Führung der Kriege in Europa, dienen, und diesen Mächten, die von der Frömmigkeit viel Werks machen und, indem sie Unrecht wie Wasser trinken, sich in der Rechtgläubigkeit für Auserwählte gehalten wissen wollen." (45)

„Wie viele Mühe haben sich Menschen bereitet, um sich von einem Ende der Erde bis zum anderen unglücklich zu machen!", schreibt 1768 Pierre Poivre, Botaniker, Ökonom, Kolonialfunktionär in französischen Diensten und Rektor der Universität von Salamanca. Die Schrift geriet nach ihrer Bekanntheit im 18. Jahrhundert in Vergessenheit - ähnlich der Amos aus Wittenberg:

„Erschaffen, um als eine Familie miteinander zu leben, das Land zu bauen, durch ihre Arbeit die unendlich vielen Gaben des Schöpfers zu genießen, hätten sie nur der Stimme der Natur gehorchen sollen; sie hätte ihnen das Glück gezeigt, das man hienieden haben kann. Doch sie haben ihren Verstand zermartert, um barbarische Einrichtungen zu erfinden, verworrenen Gesetzgebungen, welche, da sie dem Gesetze nicht entsprachen, welches jeder Mensch in seinem Herzen trägt, da sie also nicht für Menschen gemacht waren, nur durch Gewalt haben eingeführt werden können, und die Erde dadurch mit Blut überschwemmt wurde. Diese einmal eingeführten Gesetze sind fortgefahren, die Erde zu verwüsten, indem sie den Ackerbau unterdrückten und Bevölkerungen verringerten. (...) Afrika im allgemeinen, dessen von alters bekannteste Gegend als Kornspeicher der Welt angesehen wurden, stellt seit dem Verlust der Freiheit weiter nichts vor als Ländereien, die unbebaut sind oder von Sklaven schlecht bearbeitet werden." (46)

Jean- Jacques Rousseaus Zivilisationskritik klingt an:

„Friede und Unschuld sind uns für immer entgangen, bevor wir ihre Wonnen genossen haben. Den beschränkten Menschen der ersten Zeiten war es nicht fühlbar und den aufgeklärten Menschen der späteren Zeiten war es entglitten: so blieb das glückliche Leben des goldenen Zeitalters der Menschenrasse stets ein fremder Zustand, entweder weil sie ihn verkannt hat, als sie ihn genießen konnte, oder weil sie ihn verloren hatte, als sie ihn hätte kennen können." (47)

„Gerade aus Mangel an Unterscheidung der Begriffe", so Rousseau, „und ohne Rücksicht darauf, wie weit die Völker schon vom Anfangszustand entfernt sind, haben manche allzu eilig geschlossen, der Mensch sei von Natur aus grausam und es bedürfe der Polizei, um ihn mild zu machen, während niemand im Naturzustand milder ist als er. Damals war er von der Natur im gleichen Abstand zur Dummheit der unvernünftigen Tiere und zur unheilvollen Kenntnis der zivilisierten Menschen gehalten worden. (…) Solange sich die Menschen mit ihren ländlichen Hütten begnügten (…) lebten sie so frei, gesund, gut und glücklich, wie sie es ihrer Natur nach sein konnten." Mit der Arbeitsteilung aber sei die Gleichheit verschwunden, Eigentum entstanden und „Sklaverei und das Elend entsprossen bald auf ihnen und wuchsen mit den Ernten." (48)

So unrecht habe Rousseau nicht, meint Kant, wir seien in hohem Maße zivilisiert, aber uns schon für moralisiert zu halten, daran fehle noch sehr viel. (49)


Rousseaus Bild vom guten „Wilden" bezieht seinen Impetus aus dem Erleben seines zeitgenössischen Europas eher denn aus Kenntnis und persönlicher Erfahrung außereuropäischer Kulturen. Seine Zivilisationskritik findet ihre Fortsetzung in einem von Ambivalenzen geprägten Bild von „Naturvölkern" im Europa des 19. Jahrhunderts und bis heute, Projektionsfläche verbotener Sehnsüchte und Aggressionen. Der „homo europaeus" sehne sich nach „Befreiung von der Last der Erkenntnisse", lesen wir bei Frobenius, weil „unter der Vorherrschaft der Ratio, des Intellekts, die Seelen gedarbt und in Verarmung geschmachtet haben." (50)

„Und das ist der Preis, um den ihr Europäer Zucker eßt." (Voltaire, Candide) Zucker ist das Produkt, das die Hauptstadt Portugals, Lissabon, in der ersten Hälfte des 18. Jahrhunderts zur reichsten Stadt Europas macht. Zucker und Sklavenhandel.

Leibeigenschaft, Versklavung und Sklavenhandel hatte es in Europa seit der Antike gegeben. Der europäisch- afrikanischer Sklavenhandel der Neuzeit lag auf afrikanischer Seite zunächst überwiegend in Händen arabischer Stämme; sie belieferten nord-afrikanische Fürsten, orientalische Serails, ab dem 16. Jahrhundert auch europäische Höfe überwiegend mit versklavten Angehörigen berberischer Stämme. Nach deren Beitritt zum Islam, der Versklavung von Muslimen verbot, griffen arabisch-berberische Raubzüge auf dörfliche Bevölkerungen südlich der Sahara über.

Subsahara -Afrika kannte unterschiedliche Formen der Leibeigenschaft innerhalb und zwischen gesellschaftlichen Gruppen. Sie reichten von der Übergabe oder dem Verkauf der eigenen Kinder an andere Haushalte, um ihre oder auch die eigene Ernährung zu sichern – wie wir sie ähnlich auch in Teilen Europas bis ins 20. Jahrhunderte hinein kennen – bis zu Raub und Kindesraub, kriegerischer Erbeutung und völliger Unterwerfung unter der Verfügungsgewalt siegreicher Chiefs oder Könige. Große Teile der Bevölkerungen in den Königreichen Benin und Kongo waren versklavt öder lebten unter sklavenähnlichen Bedingungen.

Portugals Sklavenhandel entlang der mit seinen Karavellen „eroberten" (Kant) afrikanischen Atlantikküste machte sich diese Strukturen zunutze und tauschte mit dem Königreich Benin Waffen gegen Sklaven (2.000 – 3.000 Frauen, Männer und Kinder p.a.). Macht und Reichtum des um 600 n. Chr. gegründete Königreichs Benin erreichten ihren Höhepunkt mittels innergesellschaftlicher Sklaverei und Sklavenhandel und erodierten mit seinem Rückgang infolge der Kriege in Europa und des Verbots des Sklavenhandels in Europa und Nordamerika im Verlauf des 19. Jahrhunderts. In Angola, dessen Sklavenhandel 95% der Exporte betrug, wurde er mit Brasilien weitergeführt. (51)

Im Dreieckshandel Portugals mit dem Königreich Kongo – der König des Kongo lieferte Sklaven für den Zuckerrohranbau auf der der Küste vorgelagerten Insel Sao Tomé und erhielt im Gegenzug Luxusgüter aus Lissabon für seinen Hof – entstand ein frühes Modell für den späteren transatlantischen Sklavenhandel, in dem die Ware Mensch zum Produktionsfaktor eines Wirtschaftssystems wurde.

Portugals Eroberungs- und Versklavungsstrategie hatte wirkmächtige kirchliche Legitimation, in einer 1452 von Papst Nikolaus V an König Alfons V adressierten Bulle, *Dum Diversas*:

„Daher gewähren wir mit diesem Schreiben kraft Apostolischer Autorität Dir völlige und freie Vollmacht, die sarazenischen, heidnischen und sonstwie ungläubigen und christusfeindlichen, wo immer gelegenen Reiche, Herzogtümer, Grafschaften, Fürstentümer und sonstige Herrschaften, Ländereien, Ortschaften, Landgüter, Festungen und sonstige Besitztümer und bewegliche und unbewegliche Güter, worin auch immer sie bestehen und welchen Titel sie auch immer tragen, sofern sie eben diesen Sarazenen, Heiden, Ungläubigen und Feinden Christi gehören, selbst wenn es

sich um Reiche, Herzogtümer, Grafschaften , Ländereien ,
Ortschaften, Landgüter,  Festungen, Besitztümer und dergleichen
Güter handelt, die einem oder mehreren Königen oder Fürsten
gehören anzugreifen, zu erobern, zu bekämpfen oder zu unterjochen,
die Personen für immer in Knechtschaft zu halten, und die Reiche,
Herzogtümer (...) für Dich und Deine Nachfolger als Könige Portugals
für immer als Eigentum in Besitz zu nehmen und für Deinen und
Deiner Nachfolger Gebrauch und Nutzen zu verwenden (...) damit der
katholische Glaube durch Deine Königliche Majestät über die Feinde
Christi triumphiere." (52)

*Dum diverses* steht im Kontext des Kampfs des Christentums gegen
den Islam um Vorherrschaft in Europa. Zum Zeitpunkt ihrer
Niederschrift, 1452, ist in Spanien die Reconquista noch nicht
abgeschlossen und Granada noch nicht eingenommen (1492); der
letzte Kreuzzug gegen das Osmanische Reich war 1444 gescheitert.


Ein knappes Jahrhundert später wird José da Costa, spanischer Jesuit,
Historiker und Naturforscher, Rektor der Universität von Salamanca
und von seinem Orden zur Missionierung Perus entsandt, den „bösen
Wahn" der Konquistadoren in Südamerika beklagen: *Das Gold des
Kondors. Berichte aus der Neuen Welt 1590.*:

„Das falsche Bild von den Bewohnern West-Indiens hat dazu geführt,
dass die spanischen Eroberer diese Menschen wie Tiere behandelt,
ihnen unmenschliche, ja geradezu viehische Dienste auszuführen
befohlen und sie aufs äußerste verachtet haben.  Im Grunde ist es
nichts anderes als ein böser Wahn und abgrundtiefe Boshaftigkeit,
die Menschen die Indios derart mißhandeln läßt, was diejenigen gut
nachempfinden können, die unter ihnen gewohnt haben und ihre
Geheimnisse und Sitten kennen." (53)

Die Indios die die harten Bedingungen der Plantagenarbeit nicht überlebten und als „unproduktiv" galten, wurden durch afrikanische Sklaven ersetzt.

Bemerkenswert an beiden Quellen aus dem 15. Jahrhundert in unserem Erklärungszusammenhang:

-Die Zuordnungskriterien, die in _„Dum Diversas"_ zur Legitimation von Eroberung und Unterdrückung der „Feinde Christi" angeführt werden, sind religiöse und politische, nicht vermeintlich biologische („Rasse").

-Das von da Costa beschriebene psychische Potential von Menschen, das aus machtpolitisch-ideologischen Interessen und Besitzgier mobilisiert und gesteuert werden kann und wird: „ein böser Wahn".

„Sapere aude!" setzt die Aufklärung dagegen. Diese Ermutigung ist nicht epochengebunden; Aufklärung bleibe, um einen Begriff Wolfgang Schmales aufzunehmen, ein „globaler Kommunikationsraum". (54)

Die Bullen _„Dum Diversas"_ (1452), _„Romanus Pontifex"_ (1455), _„Inter Caetera"_ (1493) der Päpste Nikolaus V und Papst Alexander VI schreiben der portugiesischen Krone -nach der Rückkehr von Kolumbus aus Amerika auch der spanischen Krone- das Besitz- und Verfügungsrecht über die „entdeckten" überseeischen Gebiete zu. 1635 erklären protestantische Puritaner in der Massachusetts Bay ihren Anspruch als vermeintlich von Gott auserwähltes Volk auf das von ihnen besiedelte Land. Im Kontext der „Entdeckungs-Doktrin" werden die eroberten Gebiete als „terra nullius" zum Eigentum der europäischen Kronen und Siedler erklärt und Rechte der indigenen Bevölkerungen negiert; diese - inzwischen strittige -Rechtsauffassung findet Eingang in nationales Recht mehrerer Staaten auf dem amerikanischen Kontinent.

Kant wird 1795, in seiner Spätschrift *„Zum ewigen Frieden"*, die apostrophierte „Entdeckung" als Eroberung scharf kritisieren; er wird einen „Weltbürger" postulieren, ausgestattet mit einem „Besuchsrecht". Das „inhospitale Betragen der vornehmlich handeltreibenden Staaten" lässt es ihn dem „Gastrecht" vorziehen.

Zu Beginn der 2020er Jahre wird Papst Franziskus die indigenen Bevölkerungen Amerikas um Verzeihung bitten; 2023 erklärt der Vatikan die „Entdeckungs-Doktrin" als unvereinbar mit der Lehre der katholischen Kirche:

„Nie wieder wird eine christliche Gemeinschaft es zulassen, dass eine Kultur anderen überlegen ist, oder dass es legitim ist, auf Mittel und Wege zurückzugreifen, um andere zu zwingen (...) Die Kirche lehnt daher jene Konzepte ab, die intrinsische Menschenrechte der indigenen Völker nicht anerkennen." (*55*)


Mit Vasco da Gamas Entdeckung des Seewegs, 1498, und mit dem Indienhandel wurde Portugal zur führenden See- und Handelsmacht und seine Hauptstadt Lissabon zur reichsten Stadt Europas. Kolumbus war nach Westen gesegelt, bekanntlich nicht in Indien, sondern in Mittelamerika angelandet, aber mit Reichtümern für die spanische Krone zurückgekehrt; da Gama segelte nach Osten. Im Vertrag von Tordesillas, 1494, kirchlich unterstützt und legitimiert von der päpstlichen Bulle *Inter Caetera*, 1493, hatten Portugal und Kastilien sich auf eine Grenzziehung ihrer Einflussbereiche östlich resp. westlich eines Meridians entlang der Kanaren geeinigt.

Zur Mitte des 18. Jahrhunderts sollen 10% der Bevölkerung Lissabons Afrikaner und Afrikanerinnen gewesen sein. Eines der wenigen Bilder, das den großen Brand in 1755 überstand und heute im portugiesischen Nationalmuseum aufbewahrt wird, zeigt auf einem Lissaboner Platz promenierende afrikanische Fürsten, in einem anderen Stadtteil afrikanische Handwerker bei ihren Tätigkeiten. (56)

Die Geschichte der europäischen Aufklärung ist auch eine afrikanische Geschichte. Überliefert ist das Erstaunen eines versklavten Afrikaners bei seiner Ankunft in London darüber, dass Weiße sich untereinander, anders als seine Landsleute, nicht versklaven. Wenn nun die Ideen von Freiheit, Gleichheit und Brüderlichkeit, von Menschenrechten, nach Afrika getragen worden wären? Wenn sie sich dort verbunden hätten mit den Revolten der ländlichen Bevölkerungen gegen die wachsende feudale Oppression zwischen dem 16. und 18. Jahrhundert, von denen die zitierte Unesco-Studie berichtet? Dort sind Sklavenhandel und Nutzung von Rohstoffvorkommen als entscheidende Faktoren von Ausdehnung und Machtzuwachs feudaler Systeme in einem von extensiver Landwirtschaft und Mobilität der ländlichen Bevölkerung geprägten Afrika beschrieben. Die auf dem ganzen Kontinent in diesem Zeitraum zunehmenden Revolten der ländlichen Bevölkerung gegen diese Oppression bedürfen noch der weiteren Erforschung; wir wissen noch wenig von den sozialen Strukturen aller Regionen.

Für den Kongo lässt sich laut der oben zitierten Unesco-Studie eine mit dem expandierenden Feudalsystem zunehmende Verarmung und Dezimierung der ländlichen Bevölkerung durch den zunehmenden überseeischen Sklavenhandel und zugunsten exzessiver feudaler Hofhaltung mit unzähligen Hofsklaven belegen. In diesem Zusammenhang sei ein Wandel von der traditionell matrilinearen zu einer patrilinearen Familienstruktur festzustellen; Eltern hätten ihre Kinder -nicht auch die ebenfalls im Haushalt lebenden Neffen und Nichten- mit Brandzeichen markiert, um sie so vor der Versklavung zu bewahren.

Die Igbo, im Gebiet des heutigen Nigeria, die sich länger als ihre Nachbarn des Sklavenhandels erwehren konnten, nannten ihre Söhne „Ezebuilo": „A-King-Is-An Enemy":

„I ask you, Ladies and Gentlemen", adressiert Chinua Achebe seine Studenten und Studentinnen der Harvard-University im Dezember 1998, „to contemplate a society wherein a man might raise his voice in a compound of an afternoon and call out to his son: "A-King-Is-An-Enemy, get me some cold water to drink, will you!" (57)

Olaudah Equiano - als Kind im Gebiet der Igbo von Sklavenjägern gefangen, an Sklavenhändler verkauft und nach Barbados verschleppt, in Amerika Teilnehmer am 7-jährigen Krieg (1756-1763), er konnte sich später freikaufen – unterzeichnet seine Autobiographie bewusst mit dem Datum der Französischen Revolution 1789. Als eine der wenigen schriftlich überlieferten Zeitzeugenberichte ist die Schilderung der Lebenswelt seiner Kindheit in der Gesellschaft der Ibgo im Osten des heutigen Nigeria in Auszügen an dieses Kapitel anschließend wiedergegeben.


Auch die Laudationes der jungen Universität Wittenberg in den Jahren 1733/34 auf ihren Doktor der Philosophie und Magister aus Guinea, nicht zuletzt dessen Dissertation selbst, machen deutlich: es wäre ein geistig-kulturelles Potential und kulturelles Erbe im Dialog zwischen Europa und Afrika zu heben gewesen.

Auch noch in dem zur gleichen Zeit konzipierten und initiierten *Projekt für einen ewigen Frieden* des Abbé de Saint-Pierres, niedergeschrieben 1713, ist Afrika als historische Größe auf einer Ebene mit Europa genannt: „ telle est la situation des petits Rois d'Affrique(...) telle est même jusqu'à present la situation de nos

Souverains d'Europe: comme ils n'ont encore aucune *Société permanente* entr' eux, ils n'ont aucune Loy propre à décider *sans Guerre* leurs differens; car quand même par les conventions de leurs Traitez ils pourraient prévoir & décider tous les cas qu'Ils peuvent donner naissance à leurs differens, ces Conventions peuvent-elles jamais être regardées comme des Loix inviolables, tant qu'il demeure en la liberté de l'un ou de l'autre des Prétendans de les violer sous des prétextes qui ne manquent jamais à celui qui ne veut pas s'y soûmettre." (58)

Auch in den päpstlichen Bullen des 15. Jahrhunderts figuriert Afrika als Teil der dort aufgeführten außereuropäischen, nicht-christlichen Welt keineswegs als der von Hegel ins „Geschichtslose" verwiesene Kontinent; vielmehr gehen sie von politisch-gesellschaftlichen Strukturen, von Feudalsystemen und Königreichen aus.

Der Bruch in der Wahrnehmung Afrikas – wie der außereuropäischen, nicht-weißen Welt – geschieht später und scheint mit dem 19. Jahrhundert vollzogen.

Die spekulative Frage nach den Wirkungen der Freiheits-Ideen im Europa des 17. und 18. Jahrhunderts auf die gesellschaftliche Wirklichkeit in Afrika, wären sie denn auf dem afrikanischen Kontinent getragen worden und hätten sie dort wirksam werden können, soll nicht spekulierend beantwortet werden. Sie hätten, das dürfen wir annehmen, weitreichende Folgen für die   Entwicklungen auf beiden Kontinenten gehabt.   Gewiss ist: die Erinnerung an historisch Vergessenes eröffnet einen neuen Horizont der Fragestellung und verdeutlicht: Afrika ist und war kein geschichtsloser Kontinent, ohne „Bewegung und Entwicklung", „in die schwarze Farbe der Nacht gehüllt", in die Hegel ihn verwies; dieses Theorem verband sich eng mit dem der „Rasse" und bot in der Folgezeit die so erklärte Legitimierung des Anspruchs auf europäische – und später: „germanische" – Dominanz in der Welt.

Am afrikanischen Sklavenhandel der Neuzeit (zwischen 1501 und 1851) sind bis zur Mitte des 18. Jahrhunderts alle Seemächte Europas beteiligt:

Portugal (5.848.265), England (3.259.440), Frankreich (1.381.404), Spanien (1.061.524), Holland (505.326), Nordamerika (305,326), Dänemark (111.041) – in der Reihenfolge der Zahl der gehandelten Menschen. Insgesamt: 12.521.336 Menschen. Während der Höhepunkt des Sklavenhandels Englands im Zeitraum 1751-1775, der Frankreichs zwischen 1776 und 1800 liegt, nimmt der Sklavenhandel Portugals/Brasiliens und Spaniens/ Uruguays zwischen 1826 und 1850, noch nach dem Verbot des Sklavenhandels in Europa, zu. (59)

Aus dem Handel mit Luxusprodukten für überwiegend feudale Gesellschaften- Gold, Gewürze und versklavten Menschen als Prestigeobjekt – ist Sklaverei zu einem Produktionsfaktor geworden, zunächst für das Luxusprodukt Zucker, dann systematisch zur Bereitstellung billiger Rohstoffe für die industrielle Entwicklung in Europa und Nordamerika: Baumwolle aus den amerikanischen Südstaaten für die Textilindustrie in England, Kautschuk aus dem Kongo und aus Brasilien für den belgischen König und für u.a. die Automobilindustrie.

Im Gedenken an die erste Anlandung afrikanischer Sklaven im amerikanischen Virginia 1619 erklärte die Regierung Ghanas das Jahr 2019 zum „Year of Return" und lud ihre Nachfahren zum Besuch, zur Rückkehr und oder zur Investition ein. Man wolle die „afrikanische Resilienz" feiern: „What is lost in the sea, is returned by the waves."

In der zitierten päpstlichen Bulle aus dem 15. Jahrhundert war das entscheidende Kriterium zur Bestimmung des Menschen und seiner Position zwischen Himmel und Erde seine religiöse oder politische Gruppenzugehörigkeit. Mit dem Ausgang des 18. Jahrhunderts wird mit dem Theorem der physischen Anthropologen von der „Rasse" ein anderes Ordnungsraster – ein nicht mehr metaphysisch, sondern vermeintlich naturwissenschaftlich begründetes – in die Welt eingezogen worden sein.

Zur Zeit der spanischen Reconquista hatte der Begriff „la raza" zur Unterscheidung konvertierter Juden und Muslime von Christen anhand typisiert physischer Merkmale gedient und sollte von Privilegien und Herrschaftsanspruch auszugrenzen. Nun, im späten 18. Jahrhundert und in der Folgezeit, soll eine Theorie -eine Phantasmagorie, bei genauer Betrachtung- die Entwicklung der Welt erklären und den Anspruch auf „weiße" kulturelle Überlegenheit und Herrschaft in den Kolonien legitimieren. Heute bedroht der Anspruch auf „white supremacy" unsere westlichen Demokratien von innen.

Kant bezweifelt, dass es sie Sache selbst in der Natur überhaupt gebe, benutzt den Begriff gleichwohl, erklärtermaßen aus systematischen Gründen. Kant spricht von einem „Phylum" als höchster natürlicher Einheit, die allen Menschen gemeinsam sei, und von Rassen als Gruppen mit erblichen und nicht erblichen Merkmalen innerhalb dieses Phylums. (60)

„The idea of the norm, which is still lingering in Blumenbach's work, is absent from Kant's theory. Kant's pure theory answers the question of the unity of phylum man and declares all men members of one phylum because otherwise interbreeding between races would not be possible. " schreibt Eric Voegelin. (61)

„Die Rasse", so Hannah Arendt, „war der Notbehelf, mit dem Europäer auf menschliche Stämme reagierten, die sie nicht nur nicht verstehen konnten, sondern die als Menschen, als Ihresgleichen anzuerkennen sie nicht bereit waren." (62)

Nach dem Verbot des Sklavenhandels in Frankreich, England und

Nordamerika führen Portugal und Spanien ihn bis in die zweite Hälfte des 19. Jahrhunderts mit Brasilien resp. Uruguay weiter; die Geschichte der Verbote und Verstöße gegen sie ist vielschichtig und lang. Und auch nach dem Handelsverbot ist die Sklaverei nicht beendet:

In den Plantagenwirtschaften der amerikanischen Südstaaten und der Karibik bleibt der Einsatz der afrikanischen Sklaven und ihrer Nachfahren ein wichtiger Wirtschaftsfaktor. Die Weigerung sie freizulassen ist einer der Gründe des amerikanischen Sezessionskrieges; volle Bürgerrechte erhalten Afro-Amerikaner in den Südstaaten erst in der Mitte der 1960er Jahre mit der Bürgerrechtsbewegung.

In Afrika dient der „Rasse"-Begriff als Instrument kolonialer Herrschaft, Unterdrückung und Ausbeutung. Noch bis zum Jahr 1908 werden im Auftrag des belgischen Königs Leopold I im Kongo 100000ende Menschen mittels brutalster Methoden zum Zweck der Kautschuk-Produktion versklavt, verstümmelt und zu Tode gebracht; zu Beginn des 20. Jahrhunderts wird in Deutsch Südwestafrika die Vernichtung der gegen die Kolonialmacht aufständischen Herero und Nama im Namen Kaiser Wilhelm II betrieben.


Im 19. Jahrhunderts verbindet sich der Besitz überseeischer Kolonien in Europa mit der Idee der „Nation" und ihrer Größe; auf der Berliner Konferenz 1884 teilen die versammelten europäischen Nationalstaaten den afrikanischen Kontinent untereinander auf – in Teilen buchstäblich mit dem Lineal am grünen Tisch. Das deutsche Kaiserreich wird seine Kolonien mit dem 1. Weltkrieg verlieren; die britischen und französischen Kolonien werden nach dem Ende des 2. Weltkriegs in die staatliche, nicht in die wirtschaftliche, Unabhängigkeit entlassen werden: im subsaharischen Afrika als erstes Land Ghana, 1957, in Asien die britische Kronkolonie Indien

1947 und 1954 Kambodscha, Laos und Vietnam als vormalige Teile der Französischen Union in Indochina. Die militärischen Potentiale und Ressourcen der ehemaligen Kolonialmächte sind durch den Krieg gegen Hitler-Deutschland und seine Verbündeten gebunden und stehen zur Bekämpfung der stärker werdenden Unabhängigkeitsbewegungen nicht zur Verfügung. Portugal, die erste europäische Weltmacht, wird ihre afrikanischen Kolonien Angola und Mozambique erst 1975 nach dem Ende des faschistischen Salazar-Regimes und nach der „Nelkenrevolution" im Mutterland in die Unabhängigkeit entlassen.

Wenig beachtet ist der Anteil von Soldaten aus den Kolonien, die in beiden Weltkriegen in europäischen Armeen kämpften: im 2. Weltkrieg ca 1 Million afrikanische Soldaten in der britischen und französischen Armee; England verzehnfachte seine Armeestärke im Lauf des Angriffskrieges der deutschen Wehrmacht mittels Soldaten aus dem Commonwealth, darunter 2.5 Millionen aus Indien, auf insgesamt etwa 6.5 Millionen Soldaten. (63, 178)

Mit der Ausbeutung der Rohstoffe – der materiellen wie der menschlichen – gelingt europäischen Staaten ihre wirtschaftlich-industrielle Entwicklung, mit der Beherrschung ihrer überseeischen Kolonien globale Dominanz während mehrerer Jahrhunderte. Europas Kolonialmächte bringen auch nach Beendigung des Sklavenhandels und der Sklaverei widersprüchliche Botschaften mit:

-die Idee individueller Freiheitsrechte des Menschen u n d seine Degradierung zur Ware in einem Produktions- und Handelssystem;

-die Idee der universeller Menschenrechte u n d eine Praxis ihrer nur exklusiven Geltung nach Maßgabe rassischer Kriterien und machtpolitischer Interessen.

„Die Wahrheit ist, dass Europa uns Dinge genommen hat, die es uns nie zurückgeben kann. Wir werden lernen, mit diesem Verlust zu leben. Europa dagegen wird seine Taten akzeptieren müssen, diesen dunklen Teil unserer gemeinsamen Geschichte, von dessen Last es sich befreien will. (…) Diese Wahrheitsschuld kann prinzipiell nicht gelöscht werden. Sie abzutragen, muss mit dem Engagement einhergehen, das Gewebe und das Antlitz der Welt wiederzustellen." (Achille Mbembe, *Of African Objects in Western Museums*. Dankesrede bei der Verleihung des Gerda Henkel Preises 2018, 64)

In der Laudatio des Rektors der jungen Universität Wittenberg auf ihren Magister und Doktor der Philosophie am 24. Mai 1733, in dessen Person und akademischer Arbeit, leuchtet dieses Antlitz auf.

Mercado de Escravos in Lagos, Portugal

Unter den Arkaden dieses damaligen Zollhauses und Militärgefängnisses wurde 1444 der erste Sklavenmarkt in Portugal eingerichtet; zuvor waren die Sklaven, die seit Jahresbeginn mit den neu entwickelten Karavellen von der afrikanischen Atlantikküste gebracht wurden, noch vor den Toren der Stadt auf dem Rosso di Trinidade versteigert worden. Die unter Leitung des portugiesischen Infanten Dom Henrique entwickelten Karavellen waren in der Lage, die Winde vor der afrikanischen Atlantikküste zu kreuzen und bildeten damit die technische Grundlage zur Entdeckung und „Eroberung" (Kant) der Welt auf dem Seeweg.

*„...and accepts the price of his fellow creatures' liberty with as little reluctance as the enlightened merchant."*

*The interesting Narrative of the Life of Olaudah Equiano or Gustavo Vassa, The African, Written by Himself 1789*

Zitiert aus der Übersetzung des Insel Verlags 1990: *Merkwürdige Lebensgeschichte des Sklaven Olaudah Equiano, von ihm selbst veröffentlicht im Jahr 1789*

„Der Teil Afrikas, Guinea genannt, der besonders wegen des Sklavenhandels besuch wird, erstreckt sich mehr als 34000 englische Meilen längs der Seeküste vom Senegal bis Angola und umfasst viele verschiedene Königreiche. Das ansehnlichste darunter ist das Königreich Benin, sowohl in Anbetracht seiner Größe, des Reichtums und der guten Kultur des Bodens, als auch im Hinblick auf die Macht seines Königs und auf die Zahl und den kriegerischen Geist der Einwohner. Es liegt beinahe unterhalb des Äquators und erstreckt sich ungefähr 170 englische Meilen entlang der Küste, verläuft jedoch weiter ins Innere Afrikas zurück, als meines Wissens je ein Reisender gekommen ist und scheint schließlich erst seine Grenze am Kaiserreich Abessinien zu finden – nahezu 1500 englische Meilen von seinem Anfang entfernt. Dieses Königreich ist in viele Provinzen oder Distrikte geteilt; in Eboe, einem der entlegensten und fruchtbarsten unter ihnen, wurde ich im Jahre 1745 in einem reizenden und gesegneten Tal, Essaka genannt, geboren. Die Entfernung dieser Provinz von der Hauptstadt Benin und von der Seeküste muss sehr beträchtlich sein, denn ich habe dort weder von weißen Männern

44

oder Europäern noch von der See gehört; auch waren wir wenig mehr als nur dem Namen nach Untertanen des Königs von Benin, denn alle Regierungsgeschäfte wurden – soweit ich damals als Knabe bemerkte – von den Häuptlingen oder Ältesten des Ortes ausgeführt. Mein Vater war einer dieser erwähnten Ältesten oder Häuptlinge und wurde als Embrenche angesprochen. Unsere Lebensart ist durchaus einfach. Jene Verfeinerungen der Kochkunst, die den Geschmack verderben, sind den Eingeborenen unbekannt; Rinder, Ziegen und Geflügel machen daher den größten Teil ihrer Speisen aus. Sie sind auch der hauptsächliche Reichtum des Landes und die wichtigsten Handelsgüter. Das Fleisch wird in einem Topf geschmort. Um es schmackhaft zu machen, gebrauchen wir bisweilen Pfeffer und andere Gewürze. Auch Salz haben wir, das aus Holzasche bereitet wird. Aus dem Pflanzenreich genießen wir besonders Bananen, Eadas, Jamswurzel, Bohnen und türkischen Weizen. Das Oberhaupt der Familie ißt gewöhnlich allein, seine Frauen und Sklaven haben gleichfalls ihre gesonderten Tische. Bevor wir eine Speise zu uns nehmen, waschen wir uns immer die Hände; wir haben bei allen Dingen strengste Reinlichkeit, allein in diesem Fall stellt sie eine unerlässliche Zeremonie dar. Auf das Waschen folgt die Libation: man gießt einige Tropfen des Getränks auf den Boden und wirft ein bisschen Essen an eine bestimmte Stelle, beides für die Seelen verstorbener Verwandter, die nach allgemeinem Volksglauben über das Verhalten ihrer hinterbliebenen Freunde wachen und sie vor Unglück schützen.

Da wir in einem von der Natur verschwenderisch begünstigten Land leben, sind unsere Bedürfnisse gering und leicht befriedigt; wir haben natürlich auch nur wenige Manufakturen. Das, was etwa noch verfertigt wird, ist hauptsächlich Baumwolltuch, Töpferware, Schmuck und Gerätschaft für Krieg und Haushalt. Handel wird jedoch mit diesen Dingen nicht getrieben; wie ich schon bemerkt habe, sind Lebensmittel die einzige Handelsware. Unter solchen Umständen ist

Geld von geringem Nutzen, wir haben jedoch einige kleine Münzstückchen, wenn ich sie so nennen darf. Sie sehen etwa so aus wie ein Anker, ich erinnere mich aber weder an ihren Wert noch an ihren Namen. Wir haben auch Märkte, auf die ich mit meiner Mutter häufig gegangen bin. Manchmal kommen kräftige mahagonifarbige Männer dorthin, die südwestlich von uns wohnen; wir nennen sie Oye Eboe, was soviel heißt wie rote Menschen, die in der Ferne wohnen. Sie bringen uns gewöhnlich Feuerwaffen, Schießpulver, Hüte, Glasperlen und gedörrte Fische. Letztere waren in unseren Augen eine gro0e Seltenheit, denn wir haben keine anderen Gewässer als Bäche und Quellen. Gegen diese Artikel tauschen sie bei uns wohlriechende Hölzer und Erde und unser Salz aus Holzasche ein. Sie führen immer Sklaven durch unser Land; es wird allerdings strengstens untersucht, auf welche Weise sie zu diesen kamen, ehe man sie durchziehen lässt. Manchmal verkaufen wir selbst Sklaven an sie, allein es waren immer entweder Kriegsgefangene oder Leute, die des Menschenraubs, des Ehebruchs oder anderer für abscheulich erachteter Verbrechen überführt waren. Diese allgemeine Sitte, Menschen zu rauben, veranlasst mich anzunehmen, daß, ungeachtet unserer strengen Kontrolle, das Hauptgeschäft dieser Leute doch ist, in unserem Lande dasselbe Gewerbe zu treiben. Ich erinnere mich auch, daß sie große Säcke mit sich führten, die, wie ich wenig später Gelegenheit hatte zu erfahren, für diesen schändlichen Zweck gebraucht werden.

Unsere Feldarbeit findet auf einer großen Ebene auf gemeinsamen Acker statt, der einige Fußstunden von unseren Wohnungen entfernt ist. Dieses gemeinschaftliche Feld ist oft Kriegsschauplatz; wenn daher die Leute ausziehen, ihr Feld zu behauen, so gehen sie nicht nur alle zusammen, meistens nehmen sie auch ihre Waffen mit aus Angst, überrascht zu werde. Wenn sie einen Überfall befürchten, schützen sie die Zugänge zu ihren Wohnungen mit Pfählen, die sie in die Erde schlagen. Diese sind nicht nur an einem Ende so scharf zugespitzt, daß sie beim Auftreten in den Fuß stechen, sondern werden gewöhnlich auch noch in Gift getaucht.

Soweit ich mich dieser Gefechte erinnern kann, waren es offenbar nur Einfälle eines kleinen Staates in einen anderen, um Gefangene oder Beute zu machen. Vielleicht wurden sie von jenen Händlern angestiftet, die die oben erwähnten europäischen Waren zu uns brachten. Diese Art, Sklaven zu bekommen, ist in Afrika sehr verbreitet, und die meisten verlieren ihre Freiheit entweder in solchen Kriegen, oder aber sie werden geraubt. Aber wie verschieden war ihr Schicksal von dem Los der Sklaverei in Westindien! Bei uns arbeiten sie nicht mehr als jedes andere Mitglied der Gemeinde, ihr Herr nicht ausgenommen; sie haben fast dieselbe Speise, Kleidung und Wohnung (mit der Ausnahme, daß es ihnen nicht erlaubt ist, in Gesellschaft der Freigeborenen zu essen. Fast den einzigen Unterschied bildet die größere Bedeutung, die ein Familienoberhaupt im Gemeinwesen hat, und die Autorität, die ihm als Hausvater in jedem Bereich seines Haushalts zukommt. Einige dieser Sklaven haben sogar selbst Sklaven unter sich, die ihnen gehören und für sie arbeiten.

Was die Religion betrifft, so glauben die Einwohner meines Vaterlandes an einen Schöpfer aller Dinge, der in der Sonne wohnt und einen Gürtel trägt, damit er nie ißt oder trinkt; jedoch raucht er, nach Meinung einiger, Pfeife, was ja unser eigenes Lieblingsvergnügen ist. Sie glauben ferner, daß die Begebenheiten des Lebens von ihm abhängen, besonders Tod oder Gefangenschaft. Ich erinnere mich jedoch nicht, je etwas über Unsterblichkeit gehört zu haben; doch glauben einige bis zu einem gewissen Grad an Seelenwanderung. Die Seelen, die dieser Wanderung nicht unterworfen sind, z.B. die unserer lieben Freunde und Verwandten, sehen sie als Schutzgeister an, die stets um sie sind, und die sie vor bösen Geistern und vor Feinden bewahren. Deswegen wird für sie, wie ich bereits bemerkt habe, vor der Mahlzeit immer ein Stückchen

Fleisch hingelegt und etwas vom Getränk auf den Boden gegossen; man opfert ihnen auch öfters an ihren Gräbern das Blut von Tieren oder Vögeln. Ich liebte meine Mutter sehr und war ständig bei ihr, also begleitete ich sie auch manchmal, wenn sie am Grab ihrer Mutter, einem kleinen, einsamen, riedgedeckten Haus, diese Opfer brachte. Dort machte sie ihre Libationen, und den größten Teil der Nacht verbrachte sie mit Weinen und Wehklagen. Mir wurde bei diesen Anlässen oft entsetzlich bang. Die Einsamkeit des Ortes, die Dunkelheit der Nacht, die Zeremonie der Libation waren an sich schon ehrfurchterregend und gruslig; dazu kam noch das Wehklagen meiner Mutter, begleitet von den Schreien trübsinniger Vögel, die sich an diesen Ohren einfanden: Das alles verlieh der Szenerie ein unaussprechliches Grauen.

Wir praktizieren die Beschneidung wie die Juden, und auch die begleitenden Opfer und Feierlichkeiten waren sehr ähnlich. Ganz wie bei ihnen wurden auch unsere Kinder nach einer Begebenheit, einem zufälligen Umstand oder nach einer Vorahnung bei ihrer Geburt benannt. Mein Name war *Olaudah*, was in unserer Sprache ‚Abwechslung', aber auch ‚Glück', ‚vom Glück begünstigt', ferner ‚mit lauter Stimme' und ‚redegewandt' bedeutet. Wie ich mich erinnere, entweihten wir nie den Namen einer verehrten Sache, sondern sprachen ihn im Gegenteil immer mit der größten Ehrerbietung aus. Überhaupt kannten wir weder Flüche noch all die Schimpf- und Scheltewörter, die sich so leicht und reichlich einen Weg in die Sprachen zivilisierter Völker bahnen. Die einzigen Ausdrücke dieser Art, an die ich mich erinnern kann, waren: „Mögest du verfaulen", oder „mögest du anschwellen" oder „dich soll ein wildes Tier holen".

Obwohl es bei uns keine dem öffentlichen Gottesdienst geweihten Plätze gab, so hatten wir doch Priester und Zauberer – oder Wahrsager, Ich erinnere mich nicht mehr, ob diese Ämter in einer Person vereinigt waren oder nicht, aber ich weiß, dass dieser Stand im Volk sehr große Achtung genoss. Sie berechneten die Zeit      und sagten die Zukunft voraus, wie ihr Name schon besagt: bei uns hießen sie nämlich Ah-affoe-way-cah, was ‚Rechner' oder ‚Jahrmänner' bedeutet, Ah-offoe ist in unserer Sprache ‚Jahr'. Diese Männer trugen Bärte, und nach ihrem Tode folgten ihre Söhne ihnen im Amt. Der größte Teil ihrer Geräte und anderer wertvoller Dinge ihres Besitzes wurde mit ihnen beerdigt. Mit dem Leichnam, der immer parfümiert und geschmückt war, wurden auch Pfeifen und Tabak ins Grab geworfen, und Tiere wurden für sie geopfert. Nur die Männer ihres Standes oder Stammes nahmen an ihrer Bestattung teil. Diese begruben den Verstorbenen nach Sonnenuntergang und kehrten immer auf einem Weg vom Grab zurück, der vom Hinweg verschieden war.

Diese Zauberer waren auch unsere Ärzte. Sie setzten Schröpfköpfe und waren sehr erfolgreich bei der Heilung von Wunden und der Austreibung von Giften. Sie hatten auch eine außergewöhnliche Methode, bei Diebstählen, Eifersucht und Vergiftungen die Wahrheit herauszufinden, wobei ihr Erfolg ohne Zweifel auf ihren unbegrenzten Einfluss auf die Leichtgläubigkeit und den Aberglauben des Volkes zurückzuführen ist. An ihre Methoden kann ich mich nicht erinnern, außer an das Verfahren im Falle von Giftmord, und ich hoffe, man wird es nicht ungehörig finden, wenn ich hier einen Vorfall erzähle, der mir in Erinnerung geblieben ist und der als Beispiel für den Rest gehen kann; bei den Negern in Westindien kommt dergleichen noch öfter vor. Eine Jungfrau war vergiftet worden, aber man wusste nicht, von wem. Die Ärzte befahlen einigen Personen, den Leichnam aufzunehmen und zum Grab zu tragen. Sobald die Träger die Leiche auf ihre Schultern gehoben hatten, schienen sie von einem plötzlichen Impuls ergriffen und liefen immer hin und her, unfähig, damit aufzuhören. Endlich, nachdem der Leichnam durch einige Dornbüsche und stachelige Sträucher unverletzt getragen worden war, fiel er an einem Haus von den Schultern der Träger und beschädigte dabei das Gebäude. Der Eigentümer des Hauses  wurde ergriffen und gestand sofort das Verbrechen.

(...)

Dies ist das unvollkommene Bild, das sich in meiner Erinnerung von den Sitten und Gebräuchen des Volkes erhalten hat, in dessen Mitte ich das Licht der Welt erblickte.

Viele Beispiele zeigen, wie sich die Hautfarbe ein und desselben Menschen unter verschiedenen Himmelsstrichen verändern; hoffentlich können sie die Vorurteile vertreiben helfen, die einige gegen die Afrikaner ihrer Farbe wegen hegen. Das Gemüt und der Geist der Spanier veränderten sich doch wahrhaftig nicht mit ihrer Hautfarbe! Gibt es nicht Gründe genug, aus denen sich erklären läßt, warum die Afrikaner den Europäern so offensichtlich unterlegen sind, ohne daß man der Güte Gottes Grenzen setzen müsste, indem man annimmt, er habe Geschöpfen, die doch gewiss ein Abbild ‚in Ebenholz geschnitten ist'? Kann es nicht ganz natürlich ihrer Situation zugeschrieben werden? Wenn sie unter Europäer kommen, verstehen sie nichts von deren Sprache und Religion, von ihren Sitten und Gebräuchen. Gibt man sich die geringe Mühe, sie darin zu unterrichten? Behandelt man sie als Menschen? Wird nicht durch die Sklaverei allein schon der Geist niedergedrückt und sein Feuer und jede edle Gesinnung ausgelöscht? Und, was mehr zählt als all dies, welche Vorteile hat nicht ein aufgeklärtes Volk gegenüber einer rohen und ungebildeten Nation! Der verfeinerte und hochmütige Europäer erinnere sich nur daran, daß seine Vorfahren einmal ganz wie die Afrikaner, unzivilisiert, ja Barbaren waren. Gestaltete die Natur diese schlechter als ihre gegenwärtigen Söhne, und hätten *auch sie* zu Sklaven gemacht werden sollen? Jeder vernünftige Mensch antwortet: Nein. Möchten doch Überlegungen wie diese den Stolz auf ihren höheren Stand in Mitleid mit der Bedürftigkeit und dem Elend ihrer dunklen Brüder umwandeln und sie nötigen anzuerkennen, daß Vernunft nicht an Gesichtsbildung und

50

Hautfarbe gebunden ist! Möge das Hochgefühl, das ihre Brust erfüllt, wenn sie sich auf der Welt umschauen, gemäßigt werden durch Wohlwollen gegenüber anderen und durch Dankbarkeit gegenüber Gott, ‚der gemacht hat, daß von einem Blute aller Menschen Geschlechter auf dem ganzen Erdboden wohnen und dessen Weisheit nicht unsere Weisheit ist, noch unsere Wege seine Wege!‘“ (65)

# Philosophische Theoreme und Theorien, Idiome

## Απαθεια, „reine Vernunft", „raison nègre", subjektzentrierte und kommunikative Vernunft, „igba-agba", „izu"

Antonius Wilhelmus Amo Guinea Afri - im frühen 18. Jahrhundert an der afrikanischen Goldküste frei geboren, versklavt, auf eine Zuckerrohrplantage nach Surinam und zurück nach Amsterdam verschifft, dem Herzog von Braunschweig-Wolfenbüttel „zum Geschenk gemacht, schließlich Mitglied der Philosophischen Fakultät der jungen Wittenberger Universität und später mit hoher Wahrscheinlichkeit Hofrat am preußischen Hof - Amos Leben steht zwischen kämpfenden Epochen; seine wissenschaftliche Arbeit reflektiert Brüche und Umbrüche. Einige Amo-Forscher, zudem, sehen in Amo einen frühen Verfechter der Interkulturalität.

In seiner ersten, einer rechtswissenschaftlichen Disputatio, *De iure Maurorum in Europa*, 1729 an der Universität Halle vorgelegt, erörtert er die rechtliche Stellung von Afrikanern in Europa. Im Geltungsbereich des römischen Rechts waren, anders als im Einflussbereich des osmanischen Reichs, Sklaverei und Sklavenhandel zwar offiziell verboten, wurden realiter aber praktiziert, wie nicht zuletzt Amos Vita belegt. Diese Arbeit gilt als verschollen; es ist unklar, ob sie verloren ging oder ob Amo sie wegen ihrer politischen Brisanz zurückzog und nicht drucken ließ.

Umstritten ist, ob Amo, wie Johann Friedrich Blumenbach 1787 und Abbé Henri Grégoire 1808 behaupten, seit 1739 als Hofrat an    den preußischen Hof berufen wurde. (66) Dort wird im März 1758 Friedrich Wilhelm II, Prinz von Preußen, auf Bewirken auch Wilhelm von Humboldts, ein Gesetz erlassen, das Sklaverei im Geltungsbereich unter Strafe stellen wird:

„Sklaven werden von dem Augenblick an, wo sie preußisches Gebiet betreten, frei. Das Eigentumsrecht des Herrn ist von diesem Moment an erloschen." (67) Wir befinden uns in der Aufklärung, in einem aufgeklärten gesellschaftlichen und politischen Milieu.

Amos philosophische Dissertation, 1733 an der Universität Wittenberg eingereicht, *De ΑΠΑΘΕΙΑ humanae mentis*, steht an der Schwelle zwischen spätmittelalterlicher Scholastik Thomas von Aquins und subjektivistischer Erkenntnistheorie Descartes und nachfolgender philosophischer Systeme, die letztere bis in den aktuellen Diskurs um einen Paradigmenwechsel hin zu kommunikativer Vernunft führen, in der „der Purismus der reinen Vernunft nicht wieder aufersteht" (Jürgen Habermas, *Ein anderer Ausweg aus der Subjektphilosophie"*, 68)

Das Erwachen des Subjekts werde in der Aufklärung durch die Anerkennung der Macht als Prinzip aller Beziehungen erkauft, schrieben Horkheimer und Adorno in der Mitte des vergangenen Jahrhunderts, am Ausgang des zweiten Weltkriegs und angesichts der Katastrophen des 19. Und 20. Jahrhunderts. (69)


Thomas (1225-1274) hatte aristotelische Philosophie mit christlicher Offenbarungslehre verbunden und dies methodologisch so begründet:

„Ein verschiedener Grund der Erkennbarkeit bedingt auch eine Verschiedenheit in den Wissenschaften. (...) In gleicher Weise können dieselben Dinge, soweit sie der Vernunft zugänglich sind, Gegenstand der philosophischen Wissenschaften und zugleich, soweit sie durch die Offenbarung erkannt werden, auch noch Gegenstand einer anderen Wissenschaft sein." (70)

Er übernimmt das Theorem eines πρωτον κινουν ακινητον, eines ersten unbewegt Bewegenden einer ewigen Welt, in den christlichen Gottes-Begriff des Alpha und Omega der Schöpfung. Für Aristoteles ist Gott die erste Ursache, die Bewegung erzeugt, ohne selbst bewegt zu sein, so wie das Objekt des Denkens und Begehrens Bewegung erzeugt, ohne selbst in Bewegung zu sein. Er erzeuge dadurch Bewegung, dass er geliebt werde, er sei reines Denken. „Er ist aber auch subsistierendes Leben. Denn die Aktualität des Intellekts ist Leben; jener aber ist Aktualität, die Aktualität aber sein subsistierendes vollkommenes und ewiges Leben. Darum pflegen wir zu sagen, Gott sei ein vollkommenes und ewiges lebendiges Wesen. Demnach eignet Gott stetes und ewiges Leben und stete und ewige Dauer. Denn Gott ist persönlich diese beide." (1073 a, 71)

Aristoteles (384-322 v. Chr.) hatte zwischen drei Arten von Substanzen unterschieden: den sinnlich wahrnehmbaren und vergänglichen, den sinnlich wahrnehmbaren, aber unvergänglichen und den weder sinnlich wahrnehmbaren noch vergänglichen, zwischen Leib, Seele als „Substanz im Sinn der Form eines materiellen Körpers, der potentiell Leben besitzt" und Geist:

„Mit dem Geist verhält es sich anders; er erscheint als eine unabhängige Substanz, die dem Körper innewohnt und nicht zerstört werden kann." (408b,72) „Wir haben noch keinerlei Gewissheit, wie es sich mit dem Geist oder der Denkfähigkeit verhält: er erscheint als eine ganz andere Art von Seele, so verschieden von ihr, wie das Ewige vom Vergänglichen sich unterscheidet; er allein kann getrennt von allen anderen psychischen Fähigkeiten existieren. Alle anderen Teile der Seele können, wie aus dem, was wir gesagt haben, klar hervorgeht, trotz aller gegenteiligen Behauptungen nicht für sich allein existieren." (Aristoteles *De anima / Von der Seele* (413, 73)

Bei Thomas hat die Seele Anteil an der Ewigkeit des Göttlichen: „Denn wie der Apostel (2.Corinth.5/6) sagt: „Solange die Seele im Körper gefangen ist, wandern wir fern vom Herrn in der Fremde." (...) Wie das richtige Leben, das die Menschen auf Erden führen, zu jenem Leben, das wir im Himmel voll Seligkeit erhoffen, gleichsam als dem Endziel zugeordnet ist, so sind es alle die Teilgüter, die von den Menschen besorgt werden, wie Reichtum, Gewinn, Gesundheit, Beredsamkeit oder Bildung zum allgemeinen Wohl." (De Regimine Principum, Buch I , Kap. I, 14-15 ) (74)

Im 17. und frühen 18. Jahrhundert steht die Wahrnehmung der Welt noch unter den Narrativen der Dichotomie von Hölle und Himmel, einer dem Menschen durch göttliche Gnade und regelkonformes Handeln zu erlangende Position, wenn nicht bereits im Diesseits, so doch im Jenseits. Seit der Renaissance stellen Naturwissenschaften und die wachsende Erkenntnis vom Menschen als eines natürlichen Wesens metaphysisch begründete Gewissheiten in Frage.

Mit dem massiven Durchbruch der Mystik in der Generation nach Thomas, schreibt Eric Voegelin, sei das entscheidende Ereignis der westlichen Geschichte gekommen, insofern als die Kirche daran zerbrochen sei, dass sie die Mystik mit ihrer radikalen Transparentmachung der Dogmen als Symbole institutionell nicht habe aufnehmen können. „Die Mystik hatte historisch „recht"; und in der Zurückweisung ihrer aletheia ist die Dogmatik zur doxa geworden. (...) Die Kirche ist reaktionär, weil sie im Widerstreit gegen die Vergeistigung durch die Mystik auch ihre intellektuelle Beweglichkeit verloren hat und die progressive Welt ist intellektuell bankrott, weil ohne die Empirie dies „unsichtbaren Maßes" der Intellekt keine Substanz hat, an der er abarbeiten kann." (75)

Descartes (1596-1650) unterscheidet zwischen res extensa (Substanz als Ausdehnung) und res cogitans (denkender Form) ((Meditationes de prima philosophica, 1641) und stellt alle Gewissheiten der Erkenntnis mit Ausnahme der seiner eigenen Existenz infrage; sein Kernsatz in *Discours de la méthode.1637*:

„Ich fand aber nun, dass ich, da ich alles andere in dieser Weise als falsch zurückwies, schlechterdings nicht daran zweifeln konnte, dass ich selbst da sei. Ich erkannte, dass die Wahrheit des Satzes: ‚Ich denke, also bin ich, ich existiere' so sicher und klar ist, daß kein Skeptiker imstande wäre, irgendein noch so gewichtiges Argument zu erdenken, durch das sie erschüttert werden könnte. Ich glaube daher, diesen Satz als die erste Grundlage der Philosophie, die ich suchte, ohne alle Bedenken annehmen zu können." (76)


Kant (1724-1804) nennt in seiner *Kritik der reinen Vernunft* Descartes „Cogito, ergo sum" eine Tautologie, einen logischen Fehler. (77)

Um vorzugreifen: Kulturen Afrikas kennen cartesischen Subjektivismus nicht. „Ich bin, weil Du bist", „I am human because I belong, I participate, I share", hält Desmond Tutu, südafrikanischer Bischof der anglikanischen Kirche und Friedens-Nobelpreisträger, dagegen (78), „Je danse, donc je suis", Léopols Sédar Senghor, erster Staatspräsident des Senegal. (79)

Aber auch im Europa des frühen 19. Jahrhunderts, noch im Geist von Aufklärung und Humanismus, entwickelt Wilhelm von Humboldt (1767-1835) eine nicht subjektivistische Erkenntnistheorie, indem er zum einen in seinem Bildungsbegriff sprachlich-geistige Entwicklung mit körperlichen Voraussetzungen verbindet, zum anderen dem „Ich" ein „Du", das kein „Er" mehr ist. gegenüberstellt, ein „Nicht-Ich" -in einer Sphäre durch Einwirkung gemeinsamen Handelns." (*Über den Dualis, 1827*, 80)

„Humboldt prepared the way for the inclusion of the body into the idea of individuality",schreibt Eric Voegelin in *Wilhelm Humboldt's Concept of Individuality. The Force of the Spirit,* "and its personal development (Bildung) (...) prerequisites for the highest fulfillment of the purposes of language: special strength and intensity of the spiritual power affecting language are required as well as special fitness of the Spirit to the development of language , that is special clarity and concreteness of ideas, a strong and creative imagination and, finally, a very special ,refined sensitivity for the harmony and rhythms of sounds, which is where ease and agility of the speech organs and acuity and sensitivity of the ears are important . Favorable bodily characteristics here become just as important as are mental, intellectual, and spiritual faculties. The individual as the manifestation of spiritual force is singular – and indeed singular on all levels of existence, from the highest to the lowest, including the body." (81)

Im 21. Jahrhundert werden Karl Popper und John Eccles von „interactionism" (s.19), Humberto R. Maturana von „Enaktivismus", von einer Biologie der Erkenntnis (82) sprechen. Buddhismus kennt den Begriff des „Inter-Being" (s. Joseph Prabhu 2018, 14)

Bertrand Russell erinnert an den religiösen Ursprung der Unterscheidung zwischen Geist und Materie in der westlichen Philosophie, die mit der Trennung von Leib und Seele begonnen habe: „Wie wir gesehen haben, bezeichneten sich die Orphiker als Kinder der Erde und des Sternenhimmels; von der Erde stammt der Leib, vom Himmel „Immerhin hätten sie einige bacchische Elemente beibehalten, darunter den Feminismus." (83)

Für Amo gehört der menschliche Geist der Απαθεια, dem Unbewegten an. Er argumentiert in Auseinandersetzung mit Descartes so:

„Kapitel II
Enthält Anwendungen zu dem, was wir im Vorhergehenden weitläufig dargelegt haben.

Stand der Streitfrage.
Der Mensch empfindet die lebendigen Dinge nicht von sehr von seiner Seele, sondern von seinem lebenden organischen Körper aus. Dies sage und verteidige ich gegen Cartesius und seine Ansicht in Epist. Teil I, Epist. XXIX, wo man liest: Denn in dem menschlichen Geist (anima) ist zweierlei, von dem die ganze Erkenntnis abhängt, welche wir von seiner Natur haben können. Von diesen zwei Dingen ist das eine, daß er denkt, das andere daß er mit dem Körper vereint ist und mit ihm handeln kann.

Zu diesen Worten geben wir folgendes zu bedenken und sind also anderer Meinung: Wir gestehen zu, daß die Seele mit dem Körper vermittels gegenseitiger Vereinigung (mutua unio) handelt, aber wir leugnen, daß sie mit dem Körper zusammen handelt und leidet.

Anmerkung. Leiden und empfinden sind bei lebenden Dingen Synonyma. Bei Dingen aber, die kein Leben haben, bedeutet ‚empfinden': Veränderungen, die von anderer Seite kommen, in Bezug auf Quantität und Qualität bei sich zu lassen, d. h. daß sie von anderswoher modifiziert und determiniert werden.

Hinweis I. Aber er selber widerspricht sich offenbar an der zitierten Stelle Teil I, Epist.99 bei der Prüfung der vorangehenden Vorschau, wo er die Natur der Seele (anima) allein auf der Fähigkeit des Denkens beruhen lässt. Und dabei ist doch das Denken eine Handlung der Seele (mens), nicht ein Leiden.

Gegenteiliger Meinung ist Sennert in Scient. natur. Buch VIII, Kap. I über die vernünftige Seele, wo es heißt: Wiewohl aber die menschliche Seele alle Fähigkeiten, die wir bisher der vegetativen und empfindenden Seele zugeteilt haben, besitzt, so usw. ferner Buch VII, Kap I, p.m. 562 über die empfindende Seele: Empfinden ist nämlich ein Werk der Seele.

Hinweis II. Doch im Widerspruch mit sich selbst stellt er im zitierten Buch p.m. 563 folgendes fest mit den Worten: eine empfindbare Species aufzunehmen ist Sache des Organs; das Aufgenommene zu beurteilen Sache der Seele. Eine empfindbare Species aufnehmen heißt empfinden, und dies kommt doch dem Organ zu, folglich auch dem Körper, denn die Organe gehören nicht der Seele, sondern dem Körper an. Ebenso unterscheidet er selbst empfinden und urteilen und teilt jenes den Organen, dieses der Seele zu.

Gegenteiliger Meinung ist ferner Joh. Clericus, Buch IV der Physica über Pflanzen und Tiere. Kap X. über Sinne und Bewegungen der Tiere §2.

Hinweis III. Aber er widerspricht sich selbst im zitierten Werk im Folgenden §3 f. Dort sagt er, man müsse dreierlei unterscheiden: 1.) die Handlung des Objekts auf die Organe, 2) das Leiden des Organs, und 3) sagt er: durch die Bewegung des Organs wird die Seele erschüttert (percellitur), und die Seele empfindet, dass ihr Körper beeinflußt (affectum fuisse) worden ist. Wenn nämlich die Seele empfände, so hätte er sich folgendermaßen ausdrücken müßen: und die Seele empfindet, daß sie beeinflußt worden ist. Wenn die Seele empfindet, daß ihr Körper beeinflußt worden ist, so empfindet sie, oder besser gesagt, erkennt sie, daß sie selbst nicht beeinflusst worden ist. Aber er wirft den Akt des Erkennens und das Geschäft des Empfindens durcheinander, und es ist geradeso, als ob er gesagt hätte: und die Seele erkennt, daß ihr Körper beeinflusst worden ist.

Ebenso stehen wir gegen Georg Daniel Coschwiz in organism. Et mechanism. Sekt.I, Kap. VII, Th. 3 und gegen viele andere auch.

Mit uns einer Meinung ist Aristoteles, Buch II de generatione et corruptione, Kap. 9, p.m. 49: ,Denn Sache der Materie ist das Leiden und das Bewegtwerden' etc. Jo. Friedr. Teichmeyer. In den Element. Philosoph. Nat. experiment., Kap.III. de princip. Physic. p.m. 18 mit den Worten: durch die Sinne erkennen wir usw. Jo. Christoph Sturm in Physic. Hypoth. Buch I oder Allgem. Teil. Sekt. I, Kap. II im V. Epilog, desgleichen zit. Werk. Pag. III 232 u. ff.

Einziger Abschnitt

Negative These I.

Die menschliche Seele wird nicht durch empfindliche Dinge beeinflusst.

Erläuterung. Die These hat denselben Sinn, als wenn man sagt: Die menschliche Seele wird durch empfindbare Dinge nicht beeinflußt, wenn diese auch ihren Körper, dem sie innewohnt, noch so nahe gegenwärtig sind. Aber sie erkennt die Empfindungen, die in ihrem Körper entstanden sind, und wendet sie, nachdem sie sie erkannt hat, für ihre Tätigkeiten an; s. Essais de physique, Kap. VIII, p. 107.

Anmerkung. Wenn man den Menschen logisch betrachtet, darf man die Begriffe Seele, Tätigkeit der Seele, Begriff und unmittelbare Empfindung nicht verwechseln. Die Seele und ihre Tätigkeit sind immateriell. Denn wie die Substanz ist, so ist auch die Eigenschaft der Substanz; nun ist nach dem, was wir in Kap. I Abschnitt I§I usw. gesagt haben, die Seele (mens) immateriell, also auch ihre Eigenschaften.

Erster Beweis der These. Alles, was empfindet, das lebt. Alles, was lebt, nimmt Nahrung auf. Alles, was lebt und Nahrung aufnimmt, wächst. Alles, was von dieser Art ist, wird schließlich in seine Urstoffe (prima principia) aufgelöst. Alles, was in seine Urstoffe aufgelöst wird, ist aus Urstoffen zusammengesetzt (principiatum). Alles, was aus Urstoffen zusammengesetzt ist, hat seine konstitutiven Teile. Alles, was von dieser Art ist, ist ein teilbarer Körper. Wenn also die menschliche Seele empfindet, so folgt daraus, dass sie ein teilbarer Körper ist.

Zweiter Beweis der These. Kein Geist empfindet materielle Dinge. Nun ist aber die menschliche Seele ein Geist, also empfindet sie materielle Dinge nicht.

Die maior (er. proposito) (Obersatz) wird bewiesen in Kap I, Abschn. I, mit den zugehörigen Anmerkungen und Anwendungen. Die minor (Untersatz) lässt keinen Widerspruch zu.

Anmerkung I. Leben und empfinden sind zwei untrennbare Aussagen. Dies beweist die folgende Umkehrung: Alles, was lebt, empfindet notwendigerweise, und alles, was empfindet, lebt notwendigerweise, so daß das Vorhandensein des einen notwendigerweise das Vorhandensein des andern voraussetzt.

Anmerkung II. ‚Leben' und ‚existieren' sind nicht Synonyma. Alles, was lebt, existiert, aber nicht alles, was existiert, lebt. Ein Geist nämlich und ein Stein existieren, aber man kann von ihnen mit geringem Recht sagen, daß sie leben. Der Geist nämlich existiert und wirkt mit seinem Erkenntnisvermögen, die Materie existiert und empfängt die Handlung einer einwirkenden Kraft. Aber der Mensch und das Tier existieren, handeln, leben und empfinden.

Dritter Beweis der These. ‚Fürchtet euch nicht', spricht unser Heiland, ‚vor denen, die den Leib töten, aber die Seele (anima) doch nicht töten können' (Matth. X,28). Daraus ergibt sich: Alles, was getötet wird und getötet werden kann, das lebt notwendigerweise. (Denn ‚getötet werden' bedeutet: durch eine äußere Gewalt des Lebens beraubt werden.) Wenn also der Körper getötet wird und getötet werden kann, so folgt daraus, daß er lebt. Wenn er lebt, so empfindet er. Wenn er empfindet, so folgt daraus, daß er sich der Fähigkeit des Emfindens erfreut. Denn leben und empfinden sind dauernd in demselben Subjekt und Prinzip verbunden.

Anmerkung. Alle Ärzte und andere, deren Meinung es ist, daß die Empfindung in einer Art Nervensaft vor sich geht, stimmen mit mir überein. Dieser Nervensaft war für die Alten die animalische Seele (spiritus animalis); s. Hochber. H de Berger in Physiolog. Buch I über die menschliche Natur, Kap. XXI über die Ausscheidung und Bewegung des Nervensaftes, p. 277, ebenso mein vortrefflichster Herr Präses in seiner Physic. experim. compendios, edit. II, Kap. V, Q XXV. ; Essais de Physique, I ,partie. Chap. VII; Des sensations §5, p. 102; Senert in Epitom. scient. natur. Buch VIII. Kap. 2. p.m. 671.

Beispiel. Großartig paßt hierher der Ausspruch des Kurfürsten Friedrichs des Weisen ruhmreichen Angedenkens, des freigiebigen Stifters unserer hier in Wittenberg blühenden Universität, ,welcher auf dem Tod-Bett gefragt wurde, wie er sich befände? Antwortete er: Der Geist ruhig aber der Leib leydet Schmertzen'. Siehe Brückner im Sächsischen Helden Saal in vita Friedrichs des weisen, vierdten Churfürsten zu Sachsen Meißnischer Linie.

§ 2

These II. Der Seele wohnt auch die Fähigkeit des Empfindens inne.

Beweis. Wem der Kreislauf des Blutes angehört, dem gehört auch das Prinzip des Lebens (pricipium vitae) an. Wem dieses angehört, der hat auch die Fähigkeit des Empfindens. Nun gehören aber der Kreislauf des Blutes und das Prinzip des Lebens dem Körper an; s. des Vortreffl. H. der Berger zit. Werk Kap. V am Ende, p 112, ebenda p. 56, ebenso mein Vortrefflichster Herr Präses a. a. O. Kap. V, Q XII,

Christian Vater in Physiolog. Sekt IV. Kap. 2 über das Leben und die Ernährung These I am Ende. Ebenso klar unterscheidet die Heilige Schrift die Seele vom Geist: s. Hiob XII, Vers 10, wo es in der Septuaginta heißt: „In seiner Gewalt ist die Seele aller Lebendigen und der Geist jeglichen Menschenleibes." Ebenso sagt Dr. Luther: daß in seiner Hand ist die Seele alles des, das da lebt, und der Geist alles Fleisches eines jeglichen. Ebenso bedeutet die Vokabel Psyche das Lebensprinzip der Lebewesen in der Genesis I, Vers 24, und weiter in der Genesis IX, z.B. Vers 4 heißt es: „Allein esset das Fleisch nicht, so noch lebt in seinem Blute." Die Lebenskräfte des Menschen gab Dr. Luther ebendort wieder mit „des Menschen Leben". Und doch wird das Herz mit seinem Blutkreislauf zum Körper gerechnet. Sodann Leviticus 17: „Des Leibes Leben ist in seinem Blut." Aber das Blut wird zum Körper gerechnet. Nimm hinzu Essais de physique I. Teil, Kap. VIII über die Empfindungen, S. 102 und 103. Da dies so ist, so folgt daraus, dass das Lebensprinzip mit der Fähigkeit des Empfindens nicht der Seele, sondern dem Körper angehört.

§ 3

These III. Also gehören die Empfindung und die Fähigkeit des Empfindens dem Körper an.

Beweis. Die Empfindung und die Fähigkeit des Empfindens gehören entweder der Seele oder dem Körper an. Daß sie nicht der Seele angehören, ist aber schon weitläufig dargelegt. Also gehören sie dem Körper an. Siehe die Beweise zu Thesen II und III.

Schlussbemerkung. Der Zweck dieser Dissertation war die Klärung der widersprechenden Ansichten bei der Formulierung des Themas; s. Kap. II. Ferner war es die Absicht, zu verhindern, dass verwechselt werde, was dem Körper und der Seele in verschiedener Hinsicht zukommt. Denn alles, was in reiner Tätigkeit der Seele besteht, das kommt allein der Seele zu, alles, was dagegen die Empfindung und die Fähigkeit des Empfindens     voraussetzt und eine materielle Auffassung (conceptus) in sich schließt, ist durchaus dem Körper zuzuweisen.

Soviel zum Thema." (84)

„Der Geist ruhig, aber der Leib leydet Schmertzen.": eine Referenz Amos an den fürstlichen Förderer und im Einklang mit spätmittelalterlicher Scholastik und dem Begriff der göttlichen ΑΠΑΘΕΙΑ, der die Seele angehört.  Die Empfindungen und die Fähigkeit des Empfindens dagegen gehören dem Körper an.

Isaac Newton (1642-1762) imaginiert den „Partikel" aller Partikel:

"I wish we could derive the rest of the phenomena of nature (that is, the phenomena that is not covered in the *Principia)* by the same kind of reasoning as for mechanical principles. For I am induced by many reasons to suspect that may all depend on certain forces." (85)

Kant wird nach anfänglicher Nähe zu Newtons Naturphilosophie und nach einer elfjährigen Veröffentlichungspause in der *Kritik der reinen Vernunft* einen Positionswechsel zur Metaphysik als „ganz isolierte Vernunfterkenntnis, die sich über die Erfahrungsbelehrungen gänzlich erhebt" vollziehen. Substanz beharre bei allem Wechsel der Erscheinungen und das Quantum derselben werde in der Natur weder vermehrt noch vermindert. „Daher ist alles, was sich ändert, *bleibend,* und nur sein Zustand wechselt (...) so können wir, in einem etwas paradox scheinenden Ausdruck, sagen: nur das Beharrliche (Substanz) wird     verändert, das Wandelbare erleidet keine

Veränderung, sondern einen *Wechsel,* da einige Bestimmungen aufhören, und andere anheben." (86)

Anschauung und Begriffe seien Elemente unserer Erkenntnis, die entweder *rein* oder *empirisch* seien: emprisch, wenn Empfindung beigemischt, rein, wenn der Vorstellung keine Empfindung beigemischt sei. Erkenntnis entspringe aus zwei „Grundquellen des Gemüths": „Vorstellungen empfangen (die Rezeptivität der Eindrücke) und durch diese einen Gegenstand erkennen (Spontaneität der Begriffe). Die Rezeptivität nennt Kant „Sinnlichkeit", die Spontaneität des Erkennens „Vernunft". Erkenntnis könne nur durch die Vereinigung beider Fähigkeiten entspringen. Die Wissenschaft der Regeln der Sinnlichkeit sei die Ästhetik, die der Verstandesregeln die Logik. (87)

Kants Begriffe seien „doppelsinnig" werden Horkheimer und Adorno in *Dialektik der Aufklärung* einwenden. (88)

Von der Universalisierung der „conditio nigra" wird Mbembe in *Kritik der schwarzen Vernunft* sprechen. (89)

In Gottfried-Wilhelm Leibniz' (1646-1716) Vorstellung enthält „jeder Körper eine bewegende Kraft, ja eine innerliche, wirkliche Bewegung schon vom Ursprung der Dinge an sich." Materie wird verstanden als eine Hierarchie fensterloser Monaden, die nicht bewegt werden, vielmehr das Universum wesenhaft spiegeln; der menschliche Körper bestehe aus mehreren Monaden, unter denen die Seele die vorherrschende sei. „Es fragt sich nun, wie die Wesenheit, deren Ausdehnung den Körper konstituiert, näher zu bestimmen ist. Durch die Ausbreitung der Widerstandskraft wird, wie schon erwähnt, die

*Materie* konstituiert, die aber nach unserer Ansicht im Körper noch etwas anderes als die Materie enthalten ist, so fragt sich, worin dessen Natur besteht. Wir behaupten nun, dass seine Wesenheit einzig und allein εν τψ δυναμιχψ, d.h. in einem ursprünglichen, inneren Prinzip der Veränderung und der Beharrung bestehen kann." (90)

Wesenhaft sei das Universum die beste aller Welten, was Voltaires Spott provoziert: „Pangloß lehrte die Metaphysico-theologico-cosmologie. Er wies in vortrefflicher Weise nach, dass es keine Wirkung ohne Ursache gäbe, dass in dieser besten aller Welten das Schloss des Herrn Baron das schönste aller Schlösser und die Frau Baronin die beste aller Baroninnen sei.

‚Es ist erwiesen', so dozierte er, daß die Dinge nicht anders sein können als sie sind, denn da alles zu einem bestimmten Zweck erschaffen worden ist, muß es notwendigerweise zum besten dienen. Bekanntlich sind die Nasen zum Brillentragen da – folglich haben wir auch Brillen; die Füße sind offensichtlich zum Tragen von Schuhen eingerichtet – also haben wir Schuhwerk; die Steine sind dazu da, um behauen und zum Bauen von Schlössern verwendet zu werden, und infolgedessen hat unser gnädiger Herr ein wunderschönes Schloss (...) Also ist es eine Dummheit, zu behaupten, alles auf dieser Welt sei gut eingerichtet; man muss vielmehr sagen: alles ist aufs beste bestellt.

Candide hörte aufmerksam zu und glaubte in seiner Unschuld alles. (...)
Manchmal sagte Pangloß zu Candide:' In dieser besten aller Welten sind alle Geschehnisse eng miteinander verknüpft. Denn wären Sie nicht wegen Ihrer Liebe zu Fräulein Kunigunde mit wuchtigen Fußtritten aus einem schönen Schloss verjagt worden und nicht in die Hände der Inquisition geraten, hätten Sie nicht Amerika   zu    Fuß

durchwandert, dem Baron einen tüchtigen Degenstreich versetzt und nicht alle Ihre Hammel aus dem schönen Land Eldorado verloren – Dann würden Sie jetzt nicht hier kandierte Zedratfrüchte und Pistazien essen.' Sehr richtig', gab Candide zu, ,aber wir müssen unseren Garten zu stellen.'" (91)

Der Optimismus sei, so Bertrand Russell, nur eine, die „populäre Seite" Leibniz' gewesen. Der Determinismus seiner esoterischen Schriften (erst zu Beginn des 20. Jahrhunderts publik geworden) hätte, weil unvereinbar mit der christlichen Lehre von der Willensfreiheit, seine Monadentheorie weniger annehmbar gemacht, wäre bekannt geworden, „daß der individuelle Begriff jeder Person ein für allemal alles in sich schließt, was ihr jemals begegnen wird. (..) Die Willensfreiheit ist ein herrliches Gut, es war aber für Gott logisch unmöglich, die Willensfreiheit zuzulassen und gleichzeitig zu bestimmen, dass es keine Sünde geben solle. Gott beschloss daher, den Menschen frei zu schaffen, obwohl er voraussah, dass Adam den Apfel essen würde, und obwohl Sünde unvermeidlich Strafe nach sich zieht. In der Welt, die so entstand, überwiegt- wenn sie auch Böses enthält – mehr als in jeder anderen Welt das Gute bei weitem das Böse, und das Böse ist kein Beweis gegen Gottes Güte.

Dieser Beweis gefiel offenbar der Königin von Preußen. Ihre Leibeigenen mussten weiter Böses erleiden, während sie fortfuhr, das Gute zu genießen; und es war beruhigend, dass ein großer Philosoph versichert, das sei ganz in Ordnung." (92)

Der Beweis gefiel nicht nur zur Zeit absolutistischer monarchischer Herrschaft. Auf Basis der Systematik Leibnizscher Monadentheorie können heute KI und KI- generierte Algorithmen die Freiheit und Selbstbestimmung des handelnden Subjekts, die Befreiung des

Menschen aus „selbstverschuldeter Unmündigkeit" ((Kant) zugunsten selbstreferentieller Systeme ablösen. Kants Plädoyer für die Metaphysik und seine Warnung vor dem „Schlunde der Barbarei" (s.87) kommen in den Sinn.

Der freie Wille, der „uns in gewisser Weise Gott gleich macht", ist Thema eines anderen philosophisch – königlichen Briefwechsels: Descartes schreibt an Königin Christine von Schweden:

„.. weil ich bei der sorgfältigen Erwägung, worin die Sinneslust oder das Vergnügen und ganz allgemein alle Arten von erzielbaren Befriedigungen bestehen, an erster Stelle bemerke, dass es keinen gibt, die nicht gänzlich in der Seele liegt, obschon schon mehrere vom Körper abhängen; ebenso ist ja die Seele, die sieht, mag es auch durch Vermittlung der Augen geschehen. (...) Ich stelle ebenfalls fest, daß die uns betreffende Größe eines Gutes nicht allein nach dem Wert dessen bemessen werden darf, worin dieses Gut an sich besteht, sondern hauptsächlich nach der Art und Weise, in der sich auf uns bezieht, und dass, außer daß der freie Wille an sich das Edelste ist, was in uns sein kann, da er uns in gewisser Weise Gott gleich macht und uns davon zu befreien scheint, ihm unterworfen zu sein, und da folglich sein rechter Gebrauch das größte aller Güter ist, ich stelle also fest, daß der freie Wille auch dasjenige Gut ist, das im eigentlichen Sinn unser ist und uns am meisten angeht, woraus folgt, dass nur aus ihm unsere größten Befriedigungen hervorgehen können."(93)

Die „Freiheit der Wahl des Endzwecks", lesen wir bei Kant, sei eine Liebenswürdigkeit des „Christentums". Es habe „außer der Achtung, welche die Heiligkeit seiner Gesetze unwiderstehlich einflößt, noch etwas *Liebenswürdiges* in sich. (...): so ist doch die Liebe, als freie Aufnahme des Willens eines Andern unter seine Maximen ein unentbehrliches Ergänzungsstück der Unvollkommenheit der menschlichen Natur (…): denn es ist ein Widerspruch, jemanden *zu gebieten,* dass er etwas nicht allein thue, sondern daß er es auch *gern* thun solle. (…) Es ist also die *liberale* Denkungsart- gleichweit entfernt vom Sklavensinn und von Bandenlosigkeit (…). Das Gefühl der Freiheit der Wahl des Endzwecks ist das, was ihnen die Gesetzgebung liebenswürdig macht. (…) Sollte es mit dem Christenthum einmal dahin kommen, daß es aufhört liebenswürdig zu sein (…) würde das (verkehrte) Ende *aller Dinge* in moralischer Rücksicht eintreten." (94)

Was ist Aufklärung? Kant beantwortet die selbstgestellte Frage so:

„Der Ausgang des Menschen aus seiner selbstverschuldeten Unmündigkeit." Faulheit und Feigheit seien Ursachen, weshalb so viele die Unmündigkeit vorzögen und es anderen leicht machten, sich zu ihren Vormündern aufzuwerfen. Dies „obwohl sie die Natur längst von fremder Leitung (naturaliter maiorennes) frei gesprochen (…) Ich habe nicht nöthig zu denken, wenn ich nur bezahlen kann." In der Natur selbst sei der Keim zum freien Denken angelegt; er wirke, sobald er einmal „ausgewickelt" sei, auf die Sinnesart des Volkes „und schließlich auf „die Grundsätze der Regierung, die es ihr selbst zuträglich findet, den Menschen, der nun *mehr als Maschine* ist, seiner Würde gemäß zu behandeln. Königsberg in Preußen, den 30. Septemb. 1784" (95)

Movens der Entwicklung sind für Kant durch die Natur garantierte „Mechanismen der menschlichen Neigungen". Interesse „rauf und runter" werden Horkheimer und Adorno kritisch anmerken. Die von ihm gegeißelte und für das „inhospitale Betragen der vornehmlich handeltreibenden Länder" verantwortlich gemachte „Geldmacht" gilt ihm gleichwohl auch als die zuverlässigste aller dem Staat untergeordneten Mächte  und insofern als Garant des ewigen

Friedens. Er fügt in Klammern hinzu: „(freilich wohl nicht eben durch Triebfedern der Moralität)". „(...) denn große Vereinigungen zum Kriege können der Natur der Sache nach sich nur höchst seltenzutragen und noch seltener glücken.—Auf diese Art garantiert die Natur durch den Mechanism der menschlichen Neigungen selbst den ewigen Frieden; freilich mit einer Sicherheit, die nicht hinreichend ist, die Zukunft desselben (theoretisch) zu *weissagen*, aber doch in praktischer Absicht zulangt und es zur Pflicht macht, zu diesem (nicht bloß schimärischen) Zwecke hinzuarbeiten." (*Zum ewigen Frieden.* 1795, 96)

Voltaires Beobachtung der „Zufriedenheit" an der Londoner Börse, erhellt die Schattenseite solchen Interesses, dem nur diejenigen als "Ungläubige" gelten, die zahlungsunfähig seien:

„Betreten Sie die Londoner Börse, einen Ort, der achtenswerter ist als mancher Fürstenhof, Sie sehen hier die Abgeordneten aller Nationen versammelt zum Nutzen der Menschen. Hier verhandeln der Jude, der Mohammedaner und der Christ miteinander, als gehörten sie derselben Religion an und bezeichnen nur diejenigen als Ungläubige (infidèle), die zahlungsunfähig sind. Hier vertraut der Presbyterianer dem Anabaptisten, und der Anglikaner nimmt die Schuldverschreibung des Quäkers entgegen. Nach Abschluss dieser friedlichen und freien Versammlungen gehen die einen in die Synagoge, die andern gehen trinken, dieser läßt sich in einem großen Bottich im Namen des Vaters und des Sohnes und des heiligen Geistes taufen; jener läßt die Vorhaut seines Sohnes beschneiden und über dem Kind hebräische Worte murmeln, die er nicht versteht; andere begeben sich mit dem Hut auf dem Kopf in ihre Kirche, die Eingebung Gottes zu erwarten, und alle zufrieden." (97)

Henri Dunant (1828-1910), zum Exempel, wird dies schmerzlich erfahren: Initiator des Internationalen Komitees vom Roten Kreuz und der Genfer Konventionen geriet er als Geschäftsmann in Geldnöte, wurde von der Genfer Gesellschaft geächtet und starb, geehrt mit dem Friedensnobelpreis, verarmt in einem Schweizer Dorf.

Drei der Marker, die die Wirkungsgeschichte der Aufklärung nachhaltig beeinflussen werden, sind in den vorausgegangenen Textzitaten genannt:

- die Hineinnahme des Rechts auf Besitz in die individuellen Freiheitsrechte,
- das Narrativ einer in der Natur angelegten, mechanisch-linear verlaufenden weltgeschichtlichen Entwicklung,
- eine subjektzentrierte Erkenntnistheorie.

Im 19. Jahrhundert wird Hegel (1770-1831) vom Wirken des „Weltgeistes" in der Entwicklung der „Völker" sprechen, am unteren Ende der Skala Afrika als „unhistorischer" Kontinent, Indien und China „vorhistorisch"- Natur, noch „Substanz", nicht „Subjekt"-, am weitesten entwickelt Deutschland mit seiner Ausbildung des Staates. Bei Fichte (1762-1814) mündet die Idee des nationalen Subjekts in Nationalismus. Marx (1818-1883) wird die Entwicklungsgeschichte als Kampf zwischen „Klassen" deuten.

Karl Jaspers (1883-1969), in kritischer Distanz zu Hegels eurozentrischem Ansatz, wird den Begriff der „Achsenzeit" aus der Aufklärung aufnehmen.: „Die Achse der Weltgeschichte, falls es sie gibt, wäre empirisch als ein Tatbestand zu finden, der für alle Menschen, auch die Christen, gültig sein kann. (...) Es handelt sich darum, wie uns die Einheit der Menschen konkret wird."

Es liege in der Logik des Theorems, die Aufklärung selbst als Achsenzeit zu verstehen, argumentiert Wolfgang Schmale in *Geschichte der „Aufklärung" in der globalen Neuzeit.* (98) In einem späteren Kapitel werden wir darauf zukommen.

Seit jeher habe Aufklärung das Ziel verfolgt, von den Menschen die Furcht zu nehmen, konstatieren Horkheimer und Adorno 1944 angesichts der Katastrophen des 20. Jahrhunderts. „Aber die vollends aufgeklärte Erde strahlt im Zeichen triumphalen Unheils." Bei Kant, nicht anders als bei Leibniz und Descartes, bestehe die Rationalität darin, dass man „sowohl im Aufsteigen der Gattungen, als im Absteigen zu niederen Arten, den systemischen Zusammenhang vollende." Der Bürger, in den sukzessiven Gestalten des Sklavenhalters, freien Unternehmers, Administrators, sei das logische Subjekt der Aufklärung.

Das Erwachen des Subjekts werde in der Aufklärung durch die Anerkennung der Macht als des Prinzips aller Beziehungen erkauft, Erkenntnis von Prinzipien abgeleitet, „mögen diese als willkürliche Axiome, eingeborene Ideen oder höchste Abstraktionen gedeutet werden." Ihre Morallehre zeuge von „dem hoffnungslosen Streben, an Stelle der geschwächten Religion einen intellektuellen Grund dafür zu finden, in der Gesellschaft auszuhalten, wenn das Interesse versagt.":

„Gegenüber der Einheit solcher Vernunft sinkt die Scheidung von Gott und Mensch zu jener Irrelevanz herab, auf welche unbeirrbare Vernunft gerade seit der ältesten Homerkritik schon hinwies. Die Gottesebenbildlichkeit des Menschen besteht in der Souveränität übers Dasein, im Blick des Herrn, im Kommando." (99)

Joseph Prabhu traciert zurück auf hebräische-christliches Erbe, in dessen Tradition Philosophie und Theologie des Westens über Jahrhunderte um die falsche und irreführende Annahme einer in sich abgeschlossenen Menschheit (encapsulated humanity) aufgebaut worden seien. Er zitiert den Psalmisten:

"What is a man, that thou are mindful of him? And the son of a man, that thou visited him? For thou hast made him a little lower than the angels and crowned him with glory and honor. Thou hast made him to have dominion over the works of thy hands; thou hast put him all things under his feet. (Psalm 8, King James Version)" (100)


Nichts werde von der Vernunft beigetragen als die Idee systemischer Einheit; Kants Begriffe seien doppelsinnig, argumentieren Horkheimer und Adorno: „Vernunft als das transzendentale überindividuelle Ich enthält die Ideen eines freien Zusammenlebens der Menschen, indem sie zum allgemeinen Subjekt sich organisieren und den Widerstand zwischen der reinen und empirischen Vernunft in der bewussten Solidarität des Ganzen aufheben. Es stellt die Idee der wahren Allgemeinheit dar, die Utopie. Zugleich jedoch bildet die Vernunft die Instanz kalkulierenden Denkens, das die Welt für die Zwecke der Selbsterhaltung zurichtet und keine anderen Funktionen kennt als die der Präparierung des Gegenstands aus bloßem Sinnenmaterial zum Material der Unterjochung. (...) Das Sein wird unter dem Aspekt der Verarbeitung und Verwaltung angeschaut." (101)

Die von der wissenschaftlichen Technik inspirierten Philosophien seien „Machtphilosophien" und neigten dazu, alles Nichtmenschliche als bloßen Rohstoff anzusehen, schreibt Bertrand Russell in *Philosophie des Abendlandes (A History of Western Philosophy,* 1944) und verortet ihren Beginn in der Renaissance (102)

Von der Universalisierung der „conditio nigra", schreibt Mbembe in seiner *Kritik der schwarzen Vernunft* und meint eine „potentielle Verschmelzung des Kapitalismus mit dem Animismus", die Verwandlung des Menschen in belebte Dinge, digitale Daten und Codes. Zum ersten Mal in der Geschichte der Menschheit verweise der Name Neger nicht mehr nur auf Menschen afrikanischer Herkunft in der Epoche des Frühkapitalismus, definiert als „Enteignungen unterschiedlicher Art, Beraubung jeglicher Möglichkeit der Selbstbestimmung und vor allem der Zukunft und der Zeit, dieser beiden Matrizen des Möglichen. Diese neue Fungibilität, diese Löslichkeit, deren Institutionalisierung als neue Daseinsform und ihre Generalisierung für den gesamten Planeten meinen wir, wenn wir sagen: *die Welt wird schwarz.*" (103)


„Nun sage ich", sagt Kant, „der Mensch und überhaupt jedes vernünftige Wesen *existiert* als Zweck an sich selbst, *nicht bloß als Mittel* zum Gebrauche für diesen oder jenen Willen. (…) Der praktische Imperativ wird also folgender sein: *„Handle so, dass du die Menschheit sowohl in deiner Person, als in der Person eines jeden andern jederzeit zugleich als Zweck, niemals bloß als Mittel brauchest."* (104)

Das Leben sei weder Zweck noch Mittel, das Leben sei ein Recht, ein Menschenrecht wird Heinrich Heine in der ersten Hälfte des 19. Jahrhunderts schreiben, skeptisch vis-à-vis dem teleologischen, mechanischen- linearen Denken seiner Zeit:

„Das Leben will dieses Recht geltend machen gegen den erstarrenden Tod, gegen die Vergänglichkeit, und dieses Geltendmachen ist die Revoluzion. Der elegische Indifferentismus der Historiker und Poeten soll unsere Energie    lähmen    bey    diesem    Geschäfte;    und    die

Schwärmerey der Zukunftbeglücker soll uns nicht verleiten, die Interessen der Gegenwart und das zunächst zu verfechtende Menschenrecht, das Recht zu leben, auf's Spiel setzen" schreibt er 1833 in *Verschiedenartige Geschichtsauffassungen über Frankreich.* (105)

Die von Mbembe kritisierte Gegenwart stehe in der Logik der Verdinglichung und Entmythologisierung der Welt. Ich möchte behaupten: Beides war nicht Aspiration und Intention eines jeden Protagonisten der Aufklärung und Voraufklärung:

-nicht die Isaac Newtons (1642-1726) auf der Suche nach dem „Partikel" aller Partikel:

-nicht die Voltaires: „Wir müssen unseren Garten bestellen";

-nicht die Rousseaus im Erweckungserlebnis im Wald von Vincennes;

-nicht die von Goethes *Werther:* „Ich liebe die Subordination nicht sehr."

-nicht die von Mozarts Figaros: „Se vuol ballare, Signor Contino", seines Titus: „Se all'impero, amici Die", die seiner Zaide: „Ihr Mächtgen seht ungerührt auf eure Sklaven nieder"

-nicht die von Lessings *Nathan:* „Gründen alle sich nicht auf Geschichte? Geschrieben oder überliefert!"

-nicht Beethovens Alle Menschen werden Brüder;

-nicht die Wilhelm von Humboldts im Blick auf eine „lichtvollen Verschiedenheit", auf ein „Du", das kein „Er" mehr ist, „Nicht-Ich in der Sphäre durch Einwirkung gemeinsamen Handelns";

-nicht die Heines: „Das Leben ist weder Zweck noch Mittel, das Leben ist ein Recht.", nicht die der „Erinnerungen aus dem Kindesalter der Welt". (106)

-nicht die in Amos Auseinandersetzung mit cartesischem Subjektivismus: „Der Geist (anima) ruhig aber der Körper leydet Schmerzen."

-auch nicht die Kants: „Der gestirnte Himmel über mir, das moralische Gesetz in mir.“

Aufklärung ist kein homogenes historisches Ereignis; sie kennt unterschiedliche zeitliche Phasen und regionale Ausprägungen in Gesellschaft und Politik, Wissenschaften, Philosophien, Literaturen und Künsten. Bertrand Russell nennt, wenn ich nicht irre, in *A History of Western Philosophy* den Begriff „enlightenment“ als Definition einer Epoche nicht einmal. Aufklärung sei, wie Schmale argumentiert, ein globaler Kommunikationsraum über die Zeiten hinweg.

„Wir glauben“, schreiben Horkheimer und Adorno in ihrer Vorrede zur Neuauflage der *Dialektik der Aufklärung,* 1947, „in diesen Fragmenten insofern zu solchem Verständnis beizutragen, als wir zeigen, dass die Ursache des Rückfalls der Aufklärung in Mythologie nicht so sehr bei den eigens zum Zweck des Rückfalls ersonnenen nationalistischen, heidnischen und sonstigen modernen Mythologien zu suchen ist, sondern bei der Furcht vor der Wahrheit erstarrter Aufklärung selbst.“ (107)

Der „Erstarrung“ des Narrativs von Aufklärung wie des irrigen Narrativs eines „unhistorischen“ Afrika vermögen zwei zeitgleichen Wiederentdeckungen entgegenzuwirken: die des afrikanischen Philosophen der jungen Wittenberger Universität im ersten Drittel des 18. Jahrhunderts wie die des lange Zeit übersehenen Ansatzes kommunikativer, nicht subjektiver Vernunft - um die Terminologie des aktuellen Diskurses aufzunehmen- eines im Übrigen viel zitierten und hochgeschätzten Protagonisten humanistischer Bildung: Wilhelm von Humboldt. Seine Sprach- und Bildungstheorie eröffnet eine Perspektive im aktuellen Diskurs eines Paradigmenwechsels.

In seiner Vita, in den Stationen seiner diplomatischen und

akademischen Tätigkeiten wie in den Gegenständen seiner Forschung, eröffnet sich ein weiter Horizont. Anders als die philosophischen Kollegen seiner Zeit beherrschte er nicht nur die Sprachen des damaligen Bildungskanons (Griechisch, Latein, Französisch), sondern darüber hinaus mehrere andere europäische und außereuropäische Sprachen, darunter Han-Chinesisch, Sanskrit, Japanisch, Altägyptisch, mehrere Sprachen indigener Bevölkerungen Mittelamerikas. Er ist Verfasser mehrerer bis heute gültiger Grammatiken, Übersetzer der Bagavadghita.

„Weder in den Begriffen, noch in der Sprache selbst, steht irgend etwas *vereinzelt* da. Die Verknüpfungen", so Wilhelm von Humboldt, „wachsen aber den Begriffen nur dann wirklich zu, wenn das Gemüth in innerer Einheit täthig ist, wenn die volle *Subjectivität* einer vollendeten *Objectivität* entgegensteht."

„Wenn in der Seele wahrhaft das Gefühl erwacht, dass die Sprache nicht bloß ein Austauschungsmittel zu gegenseitigem Verständnis sondern eine wahre *Welt* ist, welche der *Geist* zwischen sich und die *Gegenstände* durch die innere Arbeit seiner Kraft setzen muss , so ist sie auf dem wahren Wege, immer mehr in ihr zu finden und in sie zu legen."

Und: „Erst durch die, vermittelst der Sprache bewirkte Verbindung eines Anderen mit dem Ich entstehen nun alle, den ganzen Menschen anregenden, tieferen und edleren Gefühle, welche in Freundschaft, Liebe und jeder geistigen Gemeinschaft die Verbindung zwischen Zweien zu der höchsten und innigsten machen."

Grammatikalisch-semantische Mittel sind die Pronomina, in obigem Essay die Unterscheidung zwischen „Ich", „Er" und „Du": „Diesen Urtyp aller Sprachen drückt das Pronomen von der dritten aus. *Ich* und *Er* sind wirklich verschiedene Gegenstände, und mit ihnen ist eigentlich Alles erschöpft, denn sie heißen mit anderen Worten *Ich* und *Nicht-Ich. Du* aber ist dem *Ich* gegenübergestelltes *Er.* Indem *Ich* und *Er* auf innerer und äußerer Wahrnehmung beruhen, liegt in dem *Du* Spontaneität der Wahl. Es ist auch ein *Nicht-Ich,* aber nicht wie das *Er,* in der Sphäre aller Wesen, sondern in einer anderen, in der eines durch Einwirkung gemeinsamen Handelns." (108)

Emmanuel Levinas (1906-1995) wird in *Die Zeit und der Andere* von einer „Kollektivität des Ich-Du", einer „Kollektivität von Angesicht-zu Angesicht ohne Vermittelndes" im Unterschied zum Ideal der Verschmelzung im Ausgang Platos ebenso wie zu einem Miteinander des Seite-an-Seite Heideggers sprechen. Es sei uns im Eros gegeben, in dem in der Nähe des Anderen uneingeschränkt die Distanz aufrechterhalten werde. (109)

Wilhelm von Humboldt eröffnet eine in der Sprache generierte und vermittelte Welterfahrung, die ontologische Verbindung, nicht, wie Kant, kategoriale Abgrenzung im Blick hat. Um noch einmal Voegelin zu zitieren:

„Humboldt prepared the way for the inclusion of the body into the idea of individuality and its personal development (Bildung)... The individual as the manifestation of spiritual force is singular- and indeed singular on all levels of existence, from the highest to the lowest, including the body." (*Wilhelm Humboldt's Concept of Individuality,*110)


Der Dualismus, wie ihn europäische Tradition prägt, ist so den vorkolonialen Kulturen Afrikas, soweit wir sie kennen, fremd. „In der von uns bevorzugten ontologischen Perspektive", schreibt Bernard Ogobo Ramose, „stellt die Grenze keinen Ort der Exklusion des „Anderen" dar, Vielmehr bedeutet sie zugleich den Moment der erneuten Affirmation des „Ichs" und   den   Vereinigungspunkt   des

„Anderen" mit dem „Ich". (...) Auf diese Weise bestimmt das *Da-sein* die Grenze als die Anerkennung des unauslöschlichen Netzes komplexer Beziehungen unter und zwischen Wesen, wobei das „Ich" und die „Anderen" als menschliche und nichtmenschliche verstanden werden können." (111)

Ramose bezieht sich auf Chidi Osuagwus hermeneutische Untersuchung der Bantu -Sprache Igbo, in der das Wort ‚Grenze' einen Vereinigungspunkt zwischen dem Ich und dem Anderen, nicht dessen Exklusion meine:

„Chidi Osuagwu zufolge ist das Wort in der Igbo-Sprache für die Welt *uwa* und das bedeutet „die große Entfaltung". Diese Entfaltung wird als kontinuierlicher dynamischer Prozess vorgestellt und folgt damit der Idee, dass Bewegung das Prinzip des *Da-seins* sei.

Osuagwu wendet sich darauf jenem afrikanischen Archetypus zu, der in der Igbo-Sprache als *„izu"* bezeichnet wird. *„Izu"* kann folgendes bedeuten:

i.jemanden zu treffen oder miteinander zu interagieren (*izukota);*
ii.ganz zu sein (*izuoke);*
iii.einen Zyklus oder einen Zeitraum zu vollenden (*izuuka);*
und iv. sich auszuruhen oder zu stabilisieren (*izuike).*

Osuagwu interprtiert *izu* als Symbol für eine Beziehung innerhalb des „Ganzen". Da wir die Bewegung als Grundprinzip des *Da-seins* und dessen inhärente Dynamik erkannt haben, halten wir es jedoch für zutreffender, von der „Ganzheit" anstatt von dem „Ganzen" zu sprechen. In diesem Sinn gehören *uwa* und *uzu* zum *-enz* Charakter des *Da-seins.* Eben dieser Charakter von *uwa* bietet die Grundlage für Osuagwus Bestimmung von *oke* als einer Grenze, an der sich *igba-agba,* der Verbindungspunkt unterschiedlicher Entitäten, befindet. Diese Grenze wird als ein nahtloses komplexes Geflecht von Entitäten konzipiert und bildet den ontologischen Moment, in dem wir uns unserer Eingebundenheit in ein komplexes, sich entfaltendes Geflecht des *Da-seins* bewusst werden." (112)

Die Vorstellung von der Beweglichkeit der Grenzen findet sich bei mehreren afrikanischen Philosophen, Lyrikern und Schriftstellern, auch in dem bereits zitierten Bericht Olaudahs aus dem Jahr 1789 über die Lebenswelt seiner ehemaligen Heimat. Sie gründet u.a. in der durch extensive Bewirtschaftung ihrer Felder verursachten Mobilität der ländlichen Bevölkerung. Mbembe spricht von einer „reisenden, auf Zirkulation und Verkehr basierenden Identität", von einer vorkolonialen „reisenden Territorialität". Die erst durch die Kolonialmächte beendet worden sei. (113)

„Die Vorstellung einer ontologischen Begrenzung hatte folglich nie die Autorität, die ihr in anderen Weltreligionen zugeschrieben wurde," führt er anlässlich der Verleihung des Gerda Henkel- Preises 2018 aus. „Ein *anderer zu werden*, die Grenzen zu überwinden, noch einmal zu anderen Orten und in einer Vielzahl anderer Gestalten, einer unendlichen Zahl anderer Zusammensetzungen auferstehen zu können, prinzipiell andere Lebensströme zu zeugen -das war die grundlegende Forderung innerhalb einer im eigentlichen Sinne weder vertikalen noch horizontalen oder diagonalen, sondern *vernetzten* Weltstruktur." (114)

Von einer „Vorstellungswelt des Orphischen", schreibt Mbembe in seiner *Kritik der schwarzen Vernunft,* von einer Identität im Schnittpunkt zwischen „Verwurzelungsritual und rhythmischer Entfernungsbewegung" im ständigen Übergang des Räumlichen ins Zeitliche, gebildet in den Wanderungsbewegungen im arabisch-berberischen Raum und gleichzeitig enger Bindung an den Herkunftsort. (115)

„Ich tanze, also bin ich." Der Rhythmus sei die Architektur des Seins, der alles Konkrete zum Licht des Geistes hin ordne, so Senghor :

„Véritablement c'est le *rythme* qui exprime la force vitale: l'énergie créatrice. L'image n'atteint son plein effet qu'animée par le rythme. Comme je l'ai dit ailleurs, „le rythme est l'architecture de l'être, le dynamisme interne qui lui donne forme, le système d'ondes qu'il émet à l'adresse des autres...Il s'exprime, par les moyens les plus matériels, les plus sensuels: lignes, surfaces, couleurs, volumes en architecture, sculpture et peinture; accent en poésie et musque; movement dans la danse. Mais, ce faisant, il ordonne tout le concret vers la lumière de l'Esprit." (116)


Von „jenem Rhythmus, zu welchem ein erschütterndes Herz und ein bestimmender Geist sich verbanden" ist im Vorwort zu Denis Diderots *Jakob und sein Herr* zu lesen. (117) Jener Diderot, zu dem Rousseau auf dem Weg ist, als ihn, im Wald von Vincennes von „tausend Lichtern geblendet", die Erkenntnis überkommt, die Wissenschaften hätten zur Verbesserung der Moral nicht beigetragen.


Von einer „vibration fondamentale dont le timbre, pour oreille exercée, se distingue à la base, ou plutôt au sommet de toute grande émotion", von einer „résonance au Tout" schreibt Teilhard de Chardin, Paläontologe und Theologe, dessen Kosmologie Senghor sich verbunden weiß. (118) Teilhard habe Afrika seine Würde wiedergegeben:

„Aus dieser Bewegung wird die planetarische Zivilisation geboren werden, das große Ensemble aller einzelnen Kulturen. Teilhard hat uns, uns die unterentwickelten Völker, unseren Beitrag zum Gebäude des Universellen zu leisten. Marx und Engels ignorierten uns. Teilhard hat uns unsere Würde wiedergegeben; er hat uns zum Dialog eingeladen." (Gespräch mit Gisela Bonn, 119)

Einen Beitrag Afrikas zu diesem Dialog sieht Senghor in der „Négritude", seinem Narrativ afrikanischer Kultur, die insbesondere von „der seltenen Gabe der Emotion" und einem existentiellen Zugang zu Surreal-Mystischem geprägt sei:

„Voilà quelles sont les valeurs fondamentales de la Négritude: un rare don d'émotion, une ontologie existentielle et unitaire, aboutissant, par un surréalisme mystique, à un art engagé et fonctionel, collectif et actuel, dont le style se caractérise par l'image analogique et le parallélisme asymétrique. Voilà ce que nous apportons au „rendez-vous du donner et de recevoir", en ce siècle de la  Civilisation de l'Universel." (120)


Darin, wendet Mbembe ein, bestehe für Senghor „die Begegnung des Gebens und Nehmens, zu deren Ergebnissen die Vermischung der Kulturen gehören müsse": die westliche *ratio* durch die schwarzen „Zivilisationswerte", den eigentümlichen Genius der schwarzen Rasse zu bereichern, deren Eckpfeiler die „Emotion" sei. (121)


Man spreche auch nicht von „Tigritude", wenn man Tiger meine, spottet Wole Soyinka, nigerianischer Literatur-Nobelpreisträger während einer Schriftstellerkonferenz in Kampala 1962. Ein  Tiger verkünde nicht seine Tigritude, er stürze sich auf seine Beute und verschlinge sie.  Er hält, angesichts der politischen Realitäten in Afrika, Senghors Selbstbild für narzistisch, revidiert aber die Polemik einige Jahrzehnte später. Er habe viele Diskussionen mit Senghor geführt, sie beide seien von extremen Positionen abgerückt. (122)

Die Frage nach einer vermeintlich naturgesetzlich geographischen oder farbgemäßen Determinierung menschlicher Emotion und Ratio stellt sich vernünftig nicht. Eine Frage, die zu beantworten ist, ist die nach einer Ontologie und Philosophie, in der beide nicht gegeneinander geführt würden. Sie führt zur Dissertation Amos und zur Aufklärung. Der Subjektivismus in Philosophien der Folgezeit, gesteigert im Nationalismus Fichtes, ist als ursächlich für tiefgreifende, pressante Probleme der Gegenwart und inkompatibel mit den Herausforderungen der Zukunft erkannt.

„Kant und Fichte", schreibt Bertrand Russell bereits 1945, waren in ihrer Veranlagung wie in ihrer Lehre subjektiv; Hegel rettete sich vorsorglich in den Einfluss Spinozas. Rousseau und die Romantik dehnten die Subjektivität von der Erkenntnistheorie auf die Ethik und Politik aus und endeten logisch bei völligem Anarchismus wie dem Bakunins. Dieser extreme Subjektivismus kann nur als eine Art Wahnsinn gelten." (123)

Einen Paradigmenwechsel fordert Habermas: „Es muss klar werden, dass in der kommunikativen Vernunft des Purismus der reinen Vernunft nicht wieder aufersteht." (*Ein anderer Weg aus der Subjektphilosophie*, 124)

Von einem Wechsel der Fokussierung auf Entitäten zu den sie konstituierenden Verbindungen spricht Joseph Prabhu und nimmt den aus dem Madhyamina-Buddhismus abgeleiteten Begriff des *Inter-Being* auf:

„Ontologically speaking this is a significant set of ideas because it shifts out focus from entities to the relations that bring them into being and constitute them. (...) This is a very serious revision." (125)

Eine „ontologie existentielle et unitaire", wie sie Senghor imaginierte?

Aus gutem Grund habe sich die säkulare Moderne vom Transzendenten abgewendet, schreibt Habermas in *Auch eine Geschichte der Philosophie*, 2019, „aber die Vernunft würde mit dem Verschwinden jeden Gedankens, der das in der Welt Seiende im Ganzen transzendiert, selber verkümmern." (126)

Nach dem Wegfall „dieses unsichtbaren Maßes" (der Mystik, Anm. d. Verf.) habe „der Intellekt keine Substanz, an der er abarbeiten" könne; Voegelin, wie bereits zitiert, spricht von einem „intellektuellen Bankrott der progressiven Welt". (127)


Im dualistischen Weltbild Platos (428/427-348/347 v. Chr.) erschien die Wirklichkeit als Abbildung der Idee:

„Gott mag wissen, ob sie zutreffend ist, aber so weit ich wenigstens zu fassen vermag, sehe ich es so: zuletzt unter allem Erkennbaren und nur mit Mühe wird die Idee des Guten erkannt; wenn man aber sie erschaut hat, dann wird man alsbald anerkennen, daß sie der Urgrund alles Rechten und Guten für alle ist. Wie sie im Reiche des Sichtbaren das Licht und die Sonne als dessen Ursprung erzeugt, so ist im Reiche des Erkennbaren sie allein die Herrscherin, aus welcher Wahrheit und Vernunft hervorgeht; so daß also ihrer gewahr werden muss, wer vernünftig handeln will, sei es in eigenen oder in gemeinsamen Angelegenheiten." (128)

Der buddhistisch - hinduistische Begriff der „Maya" meint eine Wirklichkeit, die als Schein des eigentlichen Seins begriffen wird.

Die Keake im Gebiet des heutigen Kamerun und Nigerias kannten die Vorstellung, wonach der Geist eines Verstorbenen in einem für ihn geformten Tongefäß im Wald seinen Platz findet und bei Festen zurück in die Gemeinschaft getragen wird.

Moderne Naturwissenschaften, namentlich die Biologie Maturanas, hebt die „klassisch gewordene" Unterscheidung zwischen dem Beobachter und dem Beobachteten auf. „In der der Tat handelt es sich um eine zirkuläre Situation." In enaktivistischer Theorie ist er nicht nur „die Basis jeder Annahme über sich selbst und den Kosmos", vielmehr wäre sein Verschwinden „das Ende der uns unbekannten Welt" (129)

Ein weiter Bogen spammt sich von Platons Dualismus – einem Dualismus religiösen Ursprungs, dem Plato „philosophischen Ausdruck" gegeben habe (Russell, 130) -, von seiner metaphysisch begründeten Erkenntnistheorie zu der neuro-biologisch begründeten Maturanas.

Gegen Ende des 20. Jahrhunderts resümieren der Neurologe Eccles und der kritische Rationalist Popper das Ergebnis ihrer gemeinsamen Suche nach belegbaren Erkenntnissen über „Das Selbst und sein Gehirn":

„Wir sind uns einig „daß wir uns mit unserer winzigen Intelligenz und unserem Verständnis nur soweit in die großen Mysterien wagen können, die uns bei dem Versuch, alles in der Existenz und in der Erfahrung zu erklären, von allen Seiten gegenüberstehen. Die Wissenschaft ist auf ihrem begrenzten Feld von Problemen erfolgreich: doch die großen Probleme, das *mysterium tremendum,* in der Existenz von allem, was wir kennen, dies ist nicht in irgendeiner wissenschaftlichen Weise erklärbar. So lassen wir es bewenden. Wir leben mit Mysterien, die wir erkennen müssen, wenn wir zivilisierte Wesen sein sollen, die unserer Existenz ins Auge blicken." (131)


Auf der Schwelle zur Aufklärung diskutierte Amo Descartes Subjektphilosophie, die nachfolgende Philosophien und gesellschaftlich-politische Entwicklungen unter europäisch-westlichem Einfluss bis in die Gegenwart bestimmen werden. Deren kritische Reflexion trifft auch auf nicht subjektivistisches Erbe auch der europäischen Aufklärung, auch der Kulturen Afrikas. Der Diskurs eröffnet eine zukunftweisende Perspektive.

# Literarische Reflexionen und Oral History

„Ich liebe die Subordination nicht sehr." (Johann Wolfgang v. Goethe)

und „To speak his own word" (Chinua Achebe)

"Noch nie war ich glücklicher, noch nie war mein Empfinden in der Natur, bis aufs Steinchen, aufs Gräschen herunter, voller und inniger, und doch – ich weiß nicht, wie ich mich ausdrücken soll, meine vorstellende Kraft ist so schwach, alles schwimmt und schwankt vor meiner Seele, daß ich keinen Umriss packen kann, aber ich bilde mir ein, wenn ich Ton hätte oder Wachs, so wollte ich's wohl herausbilden." (24. Julius)

„Da ist kein Augenblick, der nicht Dich verzehrte und die Deinigen um Dich her, kein Augenblick, da Du nicht ein Zerstörer bist, sein mußt, der harmloseste Spaziergang kostet tausend armen Würmchen das Leben, es zerrüttet ein Fußtritt die mühseligen Gebäude der Ameisen und stampft eine kleine Welt in ein schmähliches Grab." (18. August)

Zwischen beide Tagebucheintragungen Werthers steht die Erfahrung der Aussichtslosigkeit seiner Liebe zu Lotte, die einem Anderen versprochen ist. Das Unvermögen, Persönliches und Gesellschaftliches miteinander in Einklang zu bringen, zu versöhnen, führt zum Selbstmord.

„So verständige, so gute Menschen fingen wegen gewisser heimlicher Verschiedenheiten untereinander zu schweigen an. Jedes dachte seinem Recht und dem Unrecht des anderen nach, und die Verhältnisse verwickelten und verhetzten sich dergestalt, daß es unmöglich ward, den Knoten eben in diesem kritischen Moment, von dem alles abhing, zu lösen. Hätte eine glückliche Vertrautheit sie früher wieder einander nähergebracht, wäre Liebe und Nachsicht wechselweise unter ihnen lebendig geworden ihre Herzen aufgeschlossen, vielleicht wäre unser Freund noch zu retten gewesen." (132)

Als Goethes Briefroman *Die Leiden des jungen Werthers* 1774 erscheint, ist er ein Publikumserfolg und löst unter seinen Lesern -wir befinden uns in der Zeit zwischen „Empfindsamkeit" und „Sturm und Drang" im deutschsprachigen Raum - eine Welle von Suiziden aus.

„Lauter Brandraketen" nennt der alte Goethe sein Jugendwerk im Gespräch mit Eckermann. Dies wohl nicht nur aus autobiographischen Gründen; er selbst hat Ähnliches mit seiner Lotte –ihr Name war Friederike-erlebt, wenn auch nicht bis zum tragischen Ende seines Helden.

„Es war die Epoche, in der die Menschen lernten, sich als Persönlichkeiten, als Einzelne zu empfinden. Der Künstler löste sich aus den Zünften, der Bürger löste sich aus dem rechtlosen Gehorsam gegenüber einem absoluten Monarchen, der Christ löste sich vom Glaubensanspruch einer in Dogmen erstarrten Kirche. Und das so befreite Individuum erlebte seine Erfüllung im Gefühl.", ist im Begleittext Ernst Beutlers in der Reclam-Ausgabe aus 1965 zu lesen.

„Brandraketen" – in der Tat waren die Ideen im Jahr 1774 revolutionär. Aber auch bereits der junge Goethe wollte das handelnde Subjekt in lebendigen sozialen Bezügen, in „glücklicher Vertrautheit" gesichert wissen. Revolution ist seine Sache nicht,

nicht der gewaltsame Umsturz, der in Frankreich 1789 folgen und die Fürsten in Europa um ihre Herrschaft fürchten lassen wird, nicht der Subjektivismus, der in der deutschen Philosophie mit Fichtes Idee von der Nation auf die Spitze getrieben werden wird.

In seiner Distanz zum gewaltsamen Umsturz der gesellschaftlichen und politischen Verhältnisse – laut Peter Bürger habe keiner der „philosophes" bewusst auf die Französische Revolution hingearbeitet (133) - mag Goethe sich mit Kant einig sein:

„Durch eine Revolution wird vielleicht wohl ein Abfall von persönlichem Despotismus und gewinnsüchtiger oder herrschsüchtiger Bedrückung, aber niemals wahre Reform und Denkungsart zu Stande kommen; sondern neue Vorurtheile werden eben sowohl als die alten zum Leitbande des gedankenlosen großen Haufens." (134)


Es geht um Umfassenderes, um die Einbindung in weiteren Zusammenhängen:

„Sie legte ihre Hand auf die meine und sagte: „Klopstock!", lässt Goethe Werther berichten - von Lotte und einer sommerlichen Tanzveranstaltung über der sich ein Gewitter entlädt.

"Es donnerte abseitswaerts und der herrlichste Regen säuselte auf das Land. (…) Ich erinnerte mich sogleich der herrlichen Ode, die ihr in Gedanken lag, und versank in einem Strom von Empfindungen, den sie in dieser Losung über mich ergoss. Ich ertrug's nicht, neigte mich auf ihre Hand und küsste sie unter wonnevollsten Tränen….." (135)

Die angesprochenen Ode Klopstocks ist der *Messias*:

„Mitten in dieser Versammlung der Sonnen erhebt sich der Himmel, Rund, unermesslich, das Urbild der Welten, die Fülle Aller sichtbaren Schönheit, die sich, gleich flüchtigen Bächen, Um ihn, durch den unendlichen Raum nachahmend, ergiesset. Also dreht er sich, unter dem Ewigen, um sich selber." (136)

Metamorphose ist Goethes Sache. „Den Göttern opfert man, und zuletzt war das Opfer der Gott. (...) Einst verbrannte ich dir und verbrenne dir allezeit zu Geist und Licht. Wisse, Metamorphose ist deines Freundes Liebstes und Innerstes, seine große Hoffnung und tiefste Begierde.- (...) Nachgefühl, Vorgefühl ist alles." Lässt Thomas Mann den alten Herrn Geheimrat bei dessen literarischer Wiederbegegnung mit Lotte im „Elephanten" zu Weimar sagen. „In meinem ruhenden Herzen, teure Bilder, mögt ihr ruhen – und welch ein freundlicher Augenblick wird es sein, wenn wir dereinst wieder zusammen erwachen."

„Guter Himmel, Frau Hofrätin, ich muß sagen: Werthers Lotte aus Goethes Wagen zu helfen, das ist ein Erlebnis-wie soll ich es nennen? Es ist buchenswert." (137)

In Ovids „Metamorphosen" lesen wir: „Frei ist die Seele vom Tod, und verließ sie die frühe Stätte, Wohnt und lebet sie fort im anderen Hause geborgen. (...) Und in der Weite der Welt geht nichts- das glaubt mir- verloren;(...) Unter dem selbigen Bild- so glaub' ich-beharrt auf die Dauer Nichts in der Welt." (138)

In Goethes Briefroman ist das Gegenüber ein fiktives; in den oralen Erzähltraditionen Afrikas ist es real. Seine mündlichen Erzähltraditionen sind in Form und Inhalt kommunikativ, bewahren historisches Erbe und interpretieren es immer wieder neu. Ihren Vermittlern – Griots, Älteste - kommt besondere gesellschaftliche Bedeutung zu. Eine jeweils aktuell praktizierte Hermeneutik, sozusagen. Mpala - Lutebele spricht von einer traditionellen mündlichen Literatur, „culture tentaculaire", einer „litterarure porteuse d'un message relatif à toute la vie socio-culturelle de l'homme. (...) La modernité de l'oralité africaine passe surtout par sa vocation à l'universel." (139)

Ob man von einer vorkolonialen afrikanischen Philosophie sprechen könne? Ob es eine afrikanische Philosophie gebe? Die Debatten vergangener Jahrzehnte führen zu der Frage: Was ist Philosophie?

Zu Beginn der klassischen europäischen Antike war sie noch nicht Gegenstand universitärer Studien; das Erörtern lebenswichtiger Fragen wurde im Dialog oder Polylog geübt. Eine, meines Wissens, bis heute beispielweise in Managerseminaren benediktinischer Ordensgemeinschaften geübte Methode: rückwärtsgehend debattieren, im Vertrauen auf das Gegenüber, das die Welt hinter mir im Blick hält.

Im klassischen afrikanischen, von Europäern so genannten „Palaver" werden Entscheidungen getroffen, nachdem jeder in der Runde der Ältesten zu Wort gekommen und gehört worden ist, unterschiedliche Positionen unter vielfältigen Aspekten erörtert wurden; die für alle verbindliche Entscheidung muss vernünftigerweise alle Argumente berücksichtigen und in ein belastbares Gleichgewicht bringen.

Es gehe darum, so Fabien Eboussi Boulaga, das „Bantustan" der mentalen Postapartheid methodisch und mit radikaler Haltung zu verlassen. (140)

Nichts behindere Aufklärung mehr als das eurozentrische Konstrukt einer universellen Geschichte „directed by Hegel and the University of Berlin". Christopher Britt erinnert daran, dass es zuvor bereits ein Zeitalter der „lumières" im Westen gegeben habe: im islamischen Cordoba Ibn Rashids. „Prior to the siècle des lumières there was another philosophical, scientific, and theological enlightenment in the West. (141)

„Und wenn nun die kommunikative Philosophie der neue Name für die afrikanische Philosophie wäre?" „Nos ancêtres, les pharaons," so Malenge Kalunzu, „voie d'une certaine résistance de l'Afrique à l'oppression coloniale et sur les formes d'organisations souterraines qu'elle a mise en oeuvre pour maintenir sa créativité." (142)

Der Ort der vorkolonialen Philosophie in Afrika ist die Kommunikation – „das Universelle im Herzen des Partikularen" (Malenge Kalunzu) – und ihr Erbe bis zur Einführung der lateinischen Schrift seit dem 17. Jahrhundert ein nicht schriftsprachlich übermitteltes. Philosophie, die die vorkolonialen Kulturen im subsaharischen Afrika zum Gegenstand hat, arbeitet zu einem nicht unwesentlichen Teil hermeneutisch. Nach und nach finden „traditionelle Weisheiten" Eingang in universitäre philosophische Curricula, neben den Autoren von der europäischen Antike bis zur Gegenwart.

Die Vielzahl der Sprachen des subsaharischen Afrika kennt keine Schriftsprache. Die Geschichte Nordafrikas bis in den Bereich der Sahara ist durch Dokumente aus alt-ägyptischer, römischer und arabischer Zeit relativ gut dokumentiert. In der Region des heutigen Kamerun und Mali entstanden zwei Schriftsprachen, Bamum und Vai, mit ägyptischen und arabischen Lettern, die nicht weiterentwickelt wurden und heute als Artefakte in Museen aufbewahrt werden. (Quelle: *Unesco History of Africa* Bd 1.) (143)

Im Zentrum der Narrative und politischen Programmatiken von afrikanischem Sozialismus in der Phase des nation-building nach der staatlichen Unabhängigkeit standen die dörflichen und semifeudalen Lebenswelten Afrikas.

Die Entwicklungen in den mit dem überseeischen Sklavenhandel expandierenden und mit seinem Ende zerfallenden Königreiche

(Kongo, Benin u.a.) sind noch weitgehend unerforscht. Die bereits zitierte Unesco- Studie berichtet von Revolten zwischen dem 16. und 18. Jahrhundert auf dem ganzen Kontinent gegen die zunehmende und brutale Repression der mit dem Sklavenhandel erstarkenden Feudalsysteme. (Unesco, *Histoire Générale de l'Afrique de XVIe au XVIIIe siècle.*) (144)

Eine Sonderheit stellt die historisch- mythische Figur des Zulu-Königs Chaka dar, der gegen Ende des 18./ Beginn des 19. Jahrhunderts die Gebiete zahlreicher Stämme im süd-östlichen Afrika mit militärischer Gewalt eroberte und regierte und dessen Nachfolger Ende des Jahrhunderts der britischen Kolonialmacht zeitweise militärischen Widerstand entgegensetzten. Der Mythos ist bis Hollywood gelangt. Die Narrative in Afrika betonen - vor der Brutalität, die sich mit ihm auch verbindet – die einigende Kraft und Fähigkeit, aus der Position des Unterlegenen heraus ein Reich zu erschaffen. Chaka war als illegitimes Kind eines Häuptlings geboren worden und unter den Erfahrungen der Missachtung aufgewachsen.

Senghor widmet ihm 1956 in *Ethiopiques* ein Gedicht - *Poême dramatique à plusieurs voix. Aux martyrs bantous de l'Afrique du Sud* - und lässt „Chaka" als Stimme Afrikas gegen „La Voix Blanche" auftreten:

„Chaka: De fraternité sans égalité. J'ai voulu tous les hommes frères.

La Voix Blanche: Tu as mobilisé le Sud contre les blancs.
Chaka: Tu es la voix des forts contre les faibles, la conscience des possédants de l'Outre-mer. (...)
La Voix Blanche: Il sera beaucoup pardonné à qui aura beuacoup souffert." (145)

In Wole Soyinkas Gedicht *Ogun Abibiman* verbinden sich der Yoruba-Gott Ogun mit dem Zulu-König Shaka ; der Chorus lobpreist beide:

„Ogun gbo wo o Shaka   /O di rogbodiyan   …
Ogun treads the earth of Shaka
Turmoil on the loose
Ogun shakes the hand of Shaka
All is in turmoil." (146)

Für einen Schriftsteller der Négritude wie Senghor personifiziere Chaka die einigende Kraft, die später unter dem Kolonialismus erodierte, schreibt Charles Bodune.  Für Soyinka, obwohl ein Gegner der Idee von der Négritude, gebe es gleichwohl einen mit Senghor gemeinsamen ästhetischen Ansatz in der Shaka-Geschichte. Soyinka sehe in ihm einen Nationen-Gründer, dessen moralischen Kollaps man nur als „manische Depression" deuten könne:

„The professional apologists of our time have tried, uncritically, to place in the same category of leaders Shaka, that murderous buffon who straddles territory where the great Shaka trod." (147)

Wenn die Ideen europäischer Aufklärung von Freiheit, Gleichheit und Brüderlichkeit auf diese Revolten gestoßen wären, was hätte dies für die politisch-gesellschaftlichen Entwicklungen in Afrika bedeuten können? Was für Europa und europäische Kolonialpolitik in Afrika?

Wir wissen noch sehr wenig aus dieser Zeit, noch weniger aus afrikanischer Sicht. Eines der sehr wenigen authentischen und schriftlich übermittelten Dokumente ist der bereits in Auszügen wiedergegebene Bericht des Olaudah Equiano: als Kind aus einer ländlichen Gegend des Benin-Reichs (im heutigen Nigeria) geraubt, als Sklave   nach Amerika verkauft, dort in die Freiheit entlassen.

Olaudah schildert die Lebenswelt seiner Herkunft, seine Versklavung und seine Freilassung -anschaulich, sachlich, reflektierend – und datiert, ausdrücklich auf die historische Bedeutung des Jahres der französischen Revolution bezugnehmend, mit 1789.

Wir dürfen annehmen: mit den Möglichkeiten moderner Kommunikation hätten zahlreiche ähnliche Mitteilungen versklavter Afrikaner ihre Herkunftsländer erreicht. Auch diese Perspektive konterkariert die Verortung Afrikas „in der schwarzen Farbe der Nacht" der Geschichtslosigkeit und erhellt den Horizont afrikanischer und europäisch-afrikanischer Geschichte. Aufklärung erscheint hier als „globaler Kommunikationsraum über die Zeiten hinweg" (W Schmale).


Die Geschichte der Philosophie müsse aus globaler Perspektive betrachtet werden, damit aus dem gemeinsamen Narrativ eine Identität erwachen könne, schreibt Krisha Krops in einer Arbeit über philosophische Interpretationen der Bhagavadgita im 20. Jahrhundert. Er zitiert Raimon Panikkar, Philosoph und Theologe indisch-spanischer Herkunft:

„In other words, comparative philosophy, qua philosophy, makes us aware of our own myth by introducing us to the myth of others and by this very fact changes our own horizon." (148)


Von einer Kindheit in einer von afrikanischer und europäischer Kultur geprägten Lebenswelt seiner nigerianischen Heimat berichtet Wole Soyinka, Literatur-Nobelpreisträger in *AKÉ. Jahre der Kindheit"*. Das alte Afrika wird lebendig, seine Verbindung mit Christlichem, europäische Präsenz in Afrika, British indirect rule - und auch:

„Sapere aude!", laut Kant das Motto der Aufklärer, ist nicht epochengebunden. Soyinka beginnt:

„All das überwucherte, hügelige Gelände gehört zu Aké. Wie empfanden mehr als bloße Loyalität gegenüber dem Pfarrhaus und daraus erwuchs – nicht ohne stillen Groll - die Frage, warum es Gott gefiel, von der profanen Höhe Itokos aus auf seine fromme Zweigstelle, das Pfarrgelände, hinabzuschauen. Denn dort, fast auf den Gipfeln des Berges, gab es auch den geheimnisvollen Pferdestall des Chiefs mit seinen richtigen Pferden. Dahinter scherte dann der schwindelerregende Pfad ab, führte zu einem lärmerfüllten Markt zum nächsten und gab schließlich über Ibàràpa und Ita Aké den Blick frei bis hinein in die tiefsten Schlupfwinkel des Pfarrgrundstücks.

An diesen Tagen wurde die steile Anhöhe von Ithoko eins mit dem Himmel. Wenn Gott auch nicht wirklich dort oben wohnte, so gab es doch kaum Zweifel, daß er zuerst auf diesen Gipfel herabstieg, ehe er mit gigantischem Schritt über die schnatternden Märkte setzte – die es wagten, am Sonntag Waren feilzubieten – und die Kirche von St. Peter betrat. Danach besuchte er das Pfarrhaus und nahm mit dem Kanonikus den Tee. Immerhin gab es den kleinen Trost, daß er, trotz der Versuchung, zu Pferde herabzukommen, niemals zuerst beim Chief einkehrte, denn der war als Heide bekannt. Nie sah man den Chief bei einem einem Gottesdienst, außer am Jahrestag der Krönung des Alake. Nein, Gott schritt zur Morgenandacht geradewegs auf St. Peter zu, verweilte kurz zur Mittagsmesse, behielt sich seine feierlichste und exotischste Audienz aber für die Abendandacht vor, die zu seinen Ehren immer auf Englisch abgehalten wurde. Dann tönte die Orgel dunkel, rauchig-sonor; zweifellos wollte sie mit diesem Timbre eines *egúngún* ihren normalen Klang Gottes eigener Grabesstimme angleichen, mit der er auf die ihm dargebotenen Gebete antwortete. Nur das Haus des Kanonikus konnte dem allwöchentlichen Gast Herberge bieten. (…)

Böses ist dem Pfarrgelände von Aké widerfahren. Das Land ist ausgewaschen, der Rasen kahl, alles Geheimnisvolle ist aus den verschwiegenen Talmulden gewichen. (...) Die noch stehenden Häuser — Häuser, die einst das innere Festungsgemäuer des Pfarreigehöfts von Aké bildeten — sind jetzt alte Kisten in einer geräumten Landschaft, voller Risse, preisgegeben und ohne Widerstandskräfte. Und die Stimmungen sind dahin. (...) Vor dem Palast des Alake liegt ein öffentliches Grundstück; eine fast quadratische Rasenfläche von der gesamten Länge des Palastes. Dieses Grundstück dient als Pufferzone zwischen den Mauern des Palastes und der Straße (...) Eine Plastik auf dem Torbogen stellte einen ruhenden Elefanten dar, das Symbol der Königswürde von Egba.

An dem nach Aké weisenden Ende des Grundstücks stand eine rechtwinklige, lange, niedrige Konstruktion aus Lehm und Holz, überragt von einem tief heruntergezogenen Wellblechdach (...) Ein Schenkel der Konstruktion lief entlang der öffentlichen Straße, die an die Rasenfläche grenzte, der andere Schenkel verlor sich in einem Gewirr von Lehmhäusern und Gehöften. Diese zwei Mauern schützten die Wandelgänge der *ogboni* -Enklave vor neugierigen Blicken von der Straße. Vom Laden aus konnte man die *ogbani* zu allen Stunden des Tages vorbeihuschen sehen auf ihren Weg zu einer Versammlung mit den Chiefs im Aafin oder zu ihren eigenen periodischen Sitzungen in ihrem eigenen Gebäude. Ein hohes Alter schien die Vorbedingung zur Mitgliedschaft in dieser numinosen Gesellschaft zu sein, dennoch schritten einige weit aus, waren von roher, kraftstrotzender Gesundheit, riefen sich ihre Grüße mit robuster Stimme zu und sahen eher aus wie Krieger, nicht wie Teilnehmer einer Zusammenkunft von List, Erfahrung und Weisheit. Ein eiserner oder bronzener Amtsstab wurde von ihnen selbst in der rechten Hand getragen, oder ein Diener trug ihn vor ihnen her. (...)

Die *ogboni* glitten durch die Straßen von Aké wie uralte Gespenster, still, dunkel und weise, gegerbte Beutel, gefüllt mit der Geschichte Egbas, ihren Geheimnissen, Erinnerungen, Erfahrungen oder sie stampften durch die Stadt auf Kriegerfüßen, keck und rauh, breitschultrig-gedrungen, voll unausgesprochenem Ungestüm. Wir hatten Angst vor ihnen. Unter orgehaltener Hand flüsterte man sich zu, dass sie Häscher ausschickten, kleine Kinder zu fangen, deren Angstgebrüll für einige ihrer Riten und Zeremonien unabdingbar sei. Auf jeden Fall aber unterstand ihnen der *oro*-Kult, deren Schwirrhölzerklang die Frauen in die erste erreichbare Zufluchtsstätte trieb. (..) Ihre unheimlichen Gesänge waren an manchen Abenden sogar im Pfarrgelände zu hören, akzentuiert von dumpfen Schlägen, die, so erklärte man uns, der Klang ihrer Stäbe waren, die sie im Takt auf den gestampften Lehmfußboden stießen, während sie im Kreis gingen in ihrer versteckten Enklave. Es gab keine ordentliche Belehrung über solche Angelegenheiten, doch wir erfuhren, daß die wahre Macht des Königs und des Landes in den Händen der *ogboni* ruhte, nicht die Macht, die sich darin zeigte, daß Männer und Frauen sich zu Boden warfen vor dem König, sondern die *wahre* Macht, die übernatürliche, kabalistische, die einflussreiche, Ränke schmiedende Macht der Mitternacht, die selbst den König eines Morgens mit der Feststellung erwachen lassen konnte, daß, während er schlief, die Stützbalken seines Hauses durchgefressen worden waren. Wir betrachteten die *ogboni* mit einer Mischung aus Furch und Faszination.

Um in die Gebäude ihrer Enklave zu gelangen, mußten die *ogboni* den Weg durch den elefantenbekrönten Torbogen nehmen und dann nach links auf ihren privaten Pfad abbiegen, der zu ihrem Bereich führte. Die Auffahrt in der Mitte führte direkt zum ausgedehnten Komplex des Palastes, unter einem Bogen in dem zweistöckigen Gebäude hindurch, das den äußeren Ring der Palastanlage bildete. In diesem Gebäude waren die Büros und Ratszimmer der einheimischen

Verwaltung untergebracht, über die der Alake den Vorsitz führte. Und an der Innenwand dieses Gebäudes, wenn man durch den Tunnel unter ihm in den Innenhof geschritten war, hörte die Außenwelt auf zu existieren.

Dieser kurze, niedrige Tunnel, überdacht von den Fußböden der Büros, war eine Zeitkapsel, die uns in einen archaischen Raum spie, der umrahmt war von den wachsamen, feurig leuchtenden Augenbällen, versteinerter Ahnen und Götter. Aus der menschlichen Abfolge von Buchladen, Kirche, Zenotaph, Nähstube, Fahrradreparaturbuden, Friseurläden, Kleinhändlerständen, der steinern zementierten Masse von Centenary Hall, vorbei an streunenden Ziegen, lärmenden Hökern, baumgesäumten Rasenstücken und Amtszimmern, stieß man uns plötzlich in diesen Halbkreis stummer Beobachter, Krieger hoch zu Ross – einzeln und in Gruppen, kniende Priesterinnen , Opferszenen , königliche Prozessionen, Kenntnis der Namen erst später – die Augen von Ifa, Sango, Orakelpriestern, Ogun, Obataa, Erinle, Osanyin, eiserne Stäbe mit ihren Ringen aus Orakelvögeln…selbst die Prozession der *ogboni* , in der Bewegung erstarrt. (…)

Zur Stunde der öffentlichen Audienz versammelte sich das Volk unten im Innenhof. Wenn der Alake oben in der Laube erschien, warfen sich die Männer zu Boden, und die Frauen machten *yinrinka*, ein Bewegungsablauf, der damit begann, dass sie sich auf beide Knie niederließen, sich dann auf die Ellenbogen und Unterarme stützten, sich schließlich zur Seite neigten, bis sie den Boden erst mit der einen, dann mit der anderen Seite des Körpers berührten und der sie zuletzt wieder in ihre kauernde Stellung zurückführte. Dann wurde der Bittsteller und Beschwerdeführer von einem der Chiefs des Alake einer um den andern aufgerufen, Urteilssprüche wurden verkündet, Ratschläge erteilt, gütliche Einigungen vorgeschlagen und Schlichtungsentscheidungen angeordnet.

Mehrmals war ich Zeuge solcher Szenen (...) Ich hatte kaum erstangefangen, regelmäßig die Schule zu besuchen, und der bleibende Eindruck war der von einem Friedhof ohne Grabsteine, ohne Marmorplastiken, ohne geschmückte Gräber, dafür aber mit hölzernen Figuren, die aber gar nicht übereinstimmten mit den Engeln und Cherubim, die den Kirchhof neben der Kirche füllten. Aber dann war da andererseits die bekannte Umgebung des Privatgartens des Alake. (...) Der Alake machte viel Wesens von der Familie des Rektors. (...) Als ich Mutter fragte, was *yekan* bedeutet, war ich auf alles vorbereitet, nur nicht auf die Nachricht, daß es bedeutet, wir seien miteinander verwandt. Die Welt des Pfarreigeländes und die des Aafin, waren so weit voneinander entfernt, ich konnte einfach nicht verstehen, wie die beiden miteinander verbunden sein sollten. Der König war durch seine Stellung gezwungen, den *orisa* zu folgen, trotz seiner regelmäßigen Kirchenbesuche, bei denen er immer in seinem eigenen Kirchenstuhl saß. Zum König gekrönt zu werden, bedeutet auch *„je oba"*, und das, so erfuhren wir hintenherum, war wörtlich zu nehmen. Wenn der alte König starb, wurden sein Herz und seine Leber herausgenommen, und man erwartete vom neuen König, daß er sie aß. Nichts brachte mich mehr aus der Fassung, als zu erfahren, so en passant, daß dieser Mann, auf dessen Schoß ich gesessen und der mich *„yekan"* genannt hatte, wirklich und wahrhaftig Menschenfleisch gegessen haben sollte, und sei es auch nur um der Königswürde willen. Nachdem ich das wußte, schaute ich den Alake bei unseren Besuchen immer ganz genau an, ich wollte wissen, ob man die Spur des menschlichen Blutes auf seinen Lippen noch entdecken konnte, und war doppelt verwirrt festzustellen, daß nur ein warmes, faltiges Lächeln um die Lippen spielte. Ich brachte nie den Mut auf, ihn direkt zu fragen; es schien eine von den wenigen Sachen der Welt zu sein, nach denen zu fragen man nicht wagte, ich brachte nie den Mut dazu auf!

Ich kannte die Stunde der öffentlichen Auftritte beim Alake (...) Bei einer dieser Audienzen stellte ich fest, daß einer der Durchgänge, die vom Halbrund des Wandelganges abgingen, mit Gefängniszellen bestückt war. Ich hatte „einheimische" Polizisten vor dem Eingang des Durchgangs gesehen, aber angenommen, sie seien Angehörige der Palastwache. Doch bei einer Audienz wurde eine Tür zu diesem Gang aufgeschlossen, und eine Reihe von Missetätern – Männern und Frauen – wurden von den Polizisten herausgeführt. Im Innenhof warf man sie zu Füßen des Alake in den Staub, und seine dünne, wehmütige Stimme schwebte von der Laube zu ihnen herab: „Warum muß man euch Leute immer erst zwingen, eure Steuern zu bezahlen."

Wole Soyinka widmet diese Erinnerungen „Eniola (Wild Christian) und Yeside, Koyode und Folabo, die diesen erzählten Erinnerungsraum nicht bewohnen". (149)

Anmerkung: Dass im System des British Indirect Rule auch die in ihren Funktionen belassenen, aber zu Zwecken wie der Steuereintreibung in Anspruch genommene traditionellen Autoritäten, wie hier der Alake, nicht frei von kolonialen Auflagen waren, zeigt hier u.a. das Wellblechdach in seinem Palastbereich. Die Briten hatten seine Verwendung– aus britischer Produktion und örtlichen Bodenschätzen- zur Bauauflage gemacht, wenngleich die traditionellen Materialen – Hölzer und Blätter der örtlich nachwachsenden Palmen, anders als Wellblechdächer, dem tropischen Klima gut angepasst waren. Austin Asamoah-Tutu berichtet darüber in seiner Dissertation über kolonialen Hausbau in Ghana. (150)

Die Frage des jungen Goethe nach der Position des Einzelnen in Kosmos und Gemeinschaft stellt sich für Chinua Achebe, Träger des

Friedenspreises des Deutschen Buchhandels 2002, so:

„In the worldview of the Igbo the inidividual is unique; the town is unique. How do they brin the competing claims of these two into some kind of resolution? „

Die Antwort ist: Im Diskurs, in einer Versammlung, klein genug, dass jeder zu Wort kommen kann, „ to speak his own word".

„It seems to me that the Igbo people, recognizing the primary necessity for individual freedom, as well as the virtual impossibility of its practical realization in society, went out of their way to give the individual a cosmological head start in their creation stories." (151)

Aufklärung als „globaler Kommunikationsraum" (Wolfgang Schmale): In *Okonkwo oder Das Alte stürzt (Things fall apart)* beschreibt Achebe einen Zusammenprall der Kulturen:

„Nein", rief er, „Es sind nicht alle hier. Und diejenigen, die nicht hier sind, haben mit dem Stamm gebrochen und sind ihrer eigenen Wege gegangen. Wir, die wir uns heute Morgen hier versammelt haben, sind unseren Vätern treu geblieben. Doch unsere Brüder haben uns verlassen und sich den Fremden angeschlossen, die unser Vaterland besudeln. Wenn wir gegen die Fremden kämpfen, so kämpfen wir auch gegen unsere Brüder und vergießen vielleicht das Blut des Stammesbruders. Aber wir müssen es tun. Unseren Vätern wäre niemals so etwas in den Sinn gekommen, niemals hätten sie einen ihrer eigenen Brüder getötet. Es kam aber auch nie ein weißer Mann zu ihnen. So müssen wir tun, was unsere Väter nie getan hätten. Eneke, der Vogel, wurde einst von unseren Ahnen gefragt, warum er ständig unterwegs sei und sich niemals ausruhe, und er hatte geantwortet: Die Menschen haben gelernt zu schießen, ohne zu fehlen, und so habe ich gelernt zu fliegen, ohne innezuhalten.

(...)

Der Distriktverwalter entfernte sich mit drei oder vier seiner Soldaten. In den vielen Jahren, in denen er sich bemüht hatte, in einigen Teilen Afrikas die Segnungen der Zivilisation zu verbreiten, hatte er eine Reihe von Dingen gelernt. Eines dieser Dinge war, daß ein Distriktverwalter niemals einer so entwürdigenden Tätigkeit beiwohnen durfte wie dem Abschneiden eines erhängten Mannes von einem Baum. Das würde bei den Eingeborenen einen schlechten Eindruck hinterlassen. In dem Buch, das er schreiben wollte, würde er diesen Punkt ganz besonders betonen. (...) Er hatte, nach längerem Nachdenken, bereits den Titel seines Buches gewählt: *Beiträge zur Befriedung der Eingeborenenstämme im Gebiet des Unteren Niger."* (152)

In beiden Texten erscheint ein magischer, angsterregender Vogel. Auch eines der „afrikanischen Lieblingsmärchen" Nelson Mandelas hat einen solchen Zaubervogel zum Thema: es sind die Kinder, die mit klarem Blick seinen bösen Zauber brechen und das Überleben der Dorfgemeinschaft retten. Im Vorwort zitiert Mandela die traditionellen Schlussworte der Ashanti-Erzähler:

„Dies ist meine Geschichte, die ich erzählt habe, ob sie nun schön war oder nicht – mögen Teile fortgetragen werden und Teile davon zu mir zurückkommen." (153)

Bei Eric Voegelin ist zu lesen: „The universals of consciousness do not abstract essences from world-immanent things but indicate the structure of reality (concretely) in the perspective of the differentiated consciousness." (154)

## Aufklärung, „Achsenzeit" (Karl Jaspers), Aufklärung als „umfassender lebenswissenschaftlicher Zugriff" und „globaler Kommunikationsraum über die Zeiten hinweg" (Wolfgang Schmale)

Die Preisfrage der Akademie von Dijon für das Jahr 1750 lautete: „Hat das Aufblühen der Wissenschaften und Künste zur Läuterung der Sitten beigetragen"? Gemeint waren die Entwicklungen seit der Renaissance.

Jean Jacques Rousseau (1712-1778) verneint die Frage und gewinnt mit seinem Essay den 1. Preis. Jahre später, in einem Brief an Malherbes am 12. Januar 1762, berichtet Rousseau von einem Erweckungserlebnis, das ihn zu dieser Sicht der Dinge geführt habe:

„Ich besuchte Diderot, der damals in Vincennes gefangensaß. Ich hatte ein Heft der Mercure de France in der Tasche, in dem ich unterwegs zu blättern anfing. Ich stoße auf die Frage der Akademie zu Dijon. Hat jemals etwas einer schnelleren Eingebung geglichen, so war es die Bewegung, welche in mir vorging, als ich diese Frage las. Auf einmal fühle ich, wie mein Geist von tausend Lichtern geblendet wird, ganze Massen lebhafter Gedanken stellen sich ihm mit einer Gewalt in einer Unordnung dar, die mich in eine unaussprechliche Verwirrung versetzt; meinen Kopf ergreift ein Schwindel, welcher der Trunkenheit gleicht. Ein heftiges Herzklopfen bedrängt mich, will mir die Brust sprengen; da ich gehend nicht mehr atmen kann, lasse ich mich am Fuß eines Baumes am Weg hinsinken und bringe eine halbe Stunde dort zu, dass ich beim Aufstehen den ganzen Vorderteil meiner Weste mit Tränen durchnäßt finde, ohne gefühlt zu haben, daß ich welche vergoß." (155)

In der Darstellung dieses Erlebnisses greift Rousseau biblische und spätmittelalterliche Lichtmetaphorik und bildhaft das Erweckungserlebnis des Augustinus auf. Augustin schildert in seinen *Confessiones* wie er unter einem Baum seines Gartens sitzend die Stimme eines Kindes hört: „Tolle lege" – und Augustin greift zur Bibel. „Vor diesem Licht wird so der Blick gebannt, Dass nie kein Auge, das an ihm gehangen, Sich willentlich nach andrer Schau gewandt", lesen wir bei Dante. (Divina Commedia II, XXXIII, 100-103)

Den Ductus des selbst weniger bekannten Essays für die Akademie von Dijon bestimmen nicht der Subjektivismus des Erweckungserlebnisses im Wald von Vincennes sondern vielmehr , ähnlich wie im „Gesellschaftsvertrag", rational vorgebrachte Argumente eines erbarmungslosen Kulturpessimismus : ein Narrativ, in dem von den Ägyptern, Persern und Römern bis zu seinen Zeitgenossen Kultur und Bildung zu gesellschaftlichem Verfall und dem Untergang ehemals mächtiger Reiche führen, die Natur des Menschen verformen .Unter den zeitgenössischen Philosophen lässt Rousseau nur Baco von Verulam, Descartes und Newton gelten: „diese Lehrer des Menschengeschlechts haben selber keine gehabt. (…) Dank der Druckbuchstaben aber und des davon gemachten Gebrauchs werden die gefährlichen Träumereien des Hobbes und Spinoza für immer festgehalten. (…) In dem Maß, in dem unsere Wissenschaften und Künste zu Vervollkommenheit fortschritten, sind unsere Seelen verderbt geworden. Soll das etwa nur ein besonderes Übel unserer Zeit sein?

Nein, meine Herren, die durch unsere eitele Neugier verursachten Übel sind so alt wie die Welt. (…) Man sah die Tugend in dem Maß verschwinden, wie deren Licht über dem Horizont emporstieg. Und das gleiche Phänomen lässt sich zu allen Zeiten uns an allen Orten beobachten (…) Lasst uns gewöhnliche Menschen, denen der Himmel keine so großen Talente zuerteilt und nicht zu so viel Ruhm bestimmt hat, im Dunkeln bleiben. (…) O Tugend, erhabene Wissenschaft der schlichten Seelen- bedarf es so großer Mühen und Vorbereitungen, um dich zu erkennen? Sind deine Prinzipien nicht in alle Herzen eingegraben? Genügt es nicht, um deine Gesetze zu erkennen, wenn man in sich geht und die Stimme des Gewissens hört?" (156)

Abgesehen vom fiktiven Charakter des „natürlichen Menschen", wendet Bertrand Russell ein, ließen sich zwei Einwände gegen das Verfahren erheben, Glaubensdinge auf Gefühle des Herzens wie auf objektive Tatsachen zu stützen; das Herz sage allen Leuten etwas anderes:

„Das ‚natürliche Licht (...) und selbst Voltaires Wilde, denen die Stimme der Vernunft die Überzeugung eingibt, daß man nur Jesuiten verspeisen sollte, sind nicht ganz das richtige. Den Buddhisten offenbart das natürliche Licht nicht das Dasein Gottes; es verkündet ihnen jedoch, daß es unrecht ist, das Fleisch von Tieren zu essen." (157)

Denis Diderot (1713-1784)- Verfechter enzyklopädischen Fakten-Wissens und Ziel von Rousseaus Reise, als diesen im Wald von Vincennes tausend Lichter blenden - meint in *Jakob und sein Herr*. 1796, zu derartigen Erkenntnisdingen spöttisch:

„Galt es ‚ein Problem der Moral zu lösen, eine Begebenheit zu erörtern, zwischen zwei Wegen zu wählen, ein Geschäft in Angriff zu nehmen, es zu verfolgen oder wieder aufzugeben, die Vor- und Nachteile einer politischen Maßnahme, einer Handels- oder Finanzspekulation zu erwägen, die Weisheit oder Torheit eines Gesetzes, den Ausgang eines Krieges, die Wahl einer Herberge, in der Herberge die Wahl des Zimmers, im Zimmer die Wahl des Bettes, jedesmal war sein erstes Wort: Befragen wir die Flasche; sein letztes

Wort war: Das ist die Ansicht der Flasche und die meine. (...) Wenn die Pythia und Jakob ihr Orakel sprachen, waren sie beide berauscht. Er behauptete, der heilige Geist sei in der Kürbisflasche über die Apostel gekommen, Pfingsten nannte er das Fest der Kürbisflaschen." (158)

Zu den Widersprüchlichkeiten des Zeitalters der „Lumières", des „Enlightenment", der Aufklärung zählen die Gleichzeitigkeit der Ideen der Menschen- und individuellen Freiheitsrechte und die Praxis des Sklavenhandels, das Nebeneinander von Sentiment und rationaler Begründung, der Infragestellung von Wahrheitsansprüchen und der Sehnsucht nach selbstvergewissernden Welt-Erklärungsmustern. Auch die Prioritäten unter den drei gesellschaftspolitischen Maximen – Freiheit, Gleichheit, Brüderlichkeit – werden unterschiedlich gesetzt.

Wobei der Brüderlichkeit wohl die geringste Beachtung geschenkt wird. Sie könnte aber, „von Vorurtheilen freie Liebe" (Lessing, *Nathan der Weise)*, in den „streitenden Epochen" (Adorno) und Konflikten unserer Gegenwart zukunftsweisend sein.

„Yu u nobuntu" in Bantu-Sprachen (übersetzt: „Meine Menschlichkeit ist untrennbar mit deiner Menschlichkeit verbunden."); „Inter-Being", buddhistisch gesprochen (Prabhu),

„Im Anderen *den gleichen Anderen* erkennen und anerkennen" (Habermas); „Du", ein „dem *Ich* gegenübergestelltes *Er* „aber anders als das *Er* „in der Sphäre eines durch Einwirkung gemeinsamen Handelns." (Wilhelm von Humboldt).

110

Rousseau bietet mit dem *Contrat social*, 1762, eine Referenz für das Primat des Postulats der Gleichheit vor der Freiheit:

Er beginnt mit der Beschwörung der Freiheit und der Menschenrechte- „Auf seine Freiheit verzichten heißt auf seine Menschheit, die Menschenrechte, ja selbst auf seine Pflichten verzichten." – Aber er fährt fort:

„Damit also der Gesellschaftsvertrag keine leere Form sei, enthält er stillschweigend die folgende Verpflichtung, die allein den übrigen Kraft gewähren kann: daß jeder, der sich weigert, dem allgemeinen Willen zu gehorchen, von der ganzen Körperschaft dazu gezwungen werden soll – was nichts anderes bedeutet, als daß man ihn zwingen wird, frei zu sein. (...) Auf dieser Bedingung beruht die Funktionstüchtigkeit der Staatsmaschine, sie allein macht die politischen Bindungen rechtmäßig, die ohne sie sinnwidrig, tyrannisch und dem schlimmsten Missbrauch ausgesetzt wären." (159)


Für Anton Wilhelm Amo gilt, wie eingangs zitiert, die naturrechtlich begründete Gleichheit aller Menschen; dagegen könne das Recht der Völker nur im Konsens zwischen den Vertragspartnern entstehen:

„ Le droit naturel a pour finalité la conservation égale et mutuelle de tous et de chacun. Le droit des peuples a pour objet les devoirs communs à ceux que lie le contrat. Le droit des peuples ne tire sa consistence que de consensus des peuple." (zitiert nach Driss Gharmoul, s. Note 17)


Der Gesellschaftsvertrag sei zur Bibel der meisten Führer der Französischen Revolution geworden, konstatiert Bertrand Russell, aber „wie es nun einmal das Schicksal von Bibeln ist – er wurde von vielen seiner Anhänger nicht sorgfältig gelesen und noch weniger verstanden. (...) Das erste praktische Ergebnis seiner Lehre war die Herrschaft Robespierres; die Diktaturen in Russland und Deutschland (und sie vor allem) sind teilweise Auswirkungen der Rousseauschen Doktrin. Welche weiteren Triumphe die Zukunft für seinen Geist noch bereithält, wage ich nicht vorauszusagen." (160)

In Russells A *History of Western Philosophy* erscheint der Begriff „Aufklärung" nicht; in Horkheimers und Adornos *Dialektik der Aufklärung* hat Peter Bürger den Namen Rousseaus nicht auffinden können. (161)

Die Bürger Lyons setzten Rousseau ein Denkmal: dem „Andenken des größten Mannes (...), welcher die Menschheit seit den herrlichen Zeiten Griechenlands und Roms geehrt hat":

„Bei der Überführung seines Leichnams ins Pantheon werden Banner getragen:

-von jungen Männern mit der Aufschrift: „Er hat uns Emile zum Vorbild gegeben.",

-von jungen Mädchen mit der Aufschrift: „Bei uns findet man Sophies Reinheit.",

-von stillenden Müttern mit Kindern mit der Aufschrift: "Er gab die Mütter ihren Pflichten und die Kinder dem Glück zurück.";

-von einer Gruppe von Lyonesern mit der Aufschrift: "In Lyon lernte er den Zauber der Freundschaft kennen.",

-von einer Gruppe von Genfern mit der Aufschrift: "Das aristokratische Genf hatte ihn verbannt, das freie Genf hat sein Andenken gerächt,

-von einer Gruppe von Greisen, Künstlern und Bürgern: "Der Mensch ist frei geboren. (...) Auf seine Freiheit Verzicht tun, heißt auf die Eigenart des Menschen, auf die Menschenrechte, ja auf die Pflichten des Menschen verzichten." (162)

Vom Lebensstil am französischen Hof des 17. /18. Jahrhundert und einem sich entwickelnden weiblichen Selbst- und Rollenverständnis, über aufstrebendes Bürgertum, Fronde und die Einflüsse religiöser Gegenbewegungen (Jesuiten, Jansenisten, Pietisten) berichtet ein Briefwechsel zwischen Mme de Maintenon, der letzten Maitresse und 2. Gemahlin Ludwigs XIV, unter dem Titel: *Estime et la Tendresse*. Die wirtschaftlichen und machtpolitischen Interessen Ludwig XIV in Afrika und die Rückwirkungen seiner Afrikapolitik auf die wirtschaftliche und gesellschaftliche Entwicklung Frankreichs haben Arbeiten von Charly Coleman und Benjamin Steiner zum Gegenstand. (163)

Gesellschaftspolitisch habe die bewusste Abgrenzung der bürgerlichen Moral gegen die „Sittenlosigkeit" feudalen Lebensstils die Vorherrschaft des Mannes in Ehe und Familie gefördert. Niklas Luhmann:

„Die Vorstellungen über Gattenliebe haben eine wesentlich rationale Grundlage. Sie beruhen auf dem Akzeptieren des Platzes, auf dem man sein Leben zu führen hat. Ein guter Test dafür ist, dass Furcht und Liebe nicht als unvereinbar, geschweige denn als Gegensätze angesehen werden – wie im Verhältnis zu Gott, so im Verhältnis zum Herrn, so im Verhältnis zum Hausherrn." Luhmann spricht von einer „gemeineuropäische(n) Struktur der Hausherrnschaft". (164)

Von „bürgerlicher Barbarei" spricht Adorno in seiner *Huldigung an*

*Zerlina*, eine Mozart-Figur ( Wolfgang Amadé Mozart 1756-1791):

„Im Bild Zerlinas hält der Rhythmus zwischen Rokoko und Revolution inne. Sie ist keine Schäferin mehr und noch keine citoyenne. Sie gehört dem Augenblick dazwischen, und an ihr geht flüchtig eine Humanität auf, die unverstümmelt wäre vom feudalen Zwang und geschützt vor bürgerlicher Barbarei. Manche Gedichte und Gestalten des jungen Goethe haben etwas davon: „Und so tritt sie vor den Spiegel All in ihrer Munterkeit" ist ihr Miniaturportrait, und wie Friederike steht sie auf der Grenze zwischen Bäuerin und Städterin. Schlank und leicht, als wenn sie nichts an sich zu tragen hätte, schritt sie, und beinahe schien für die gewaltigen blonden Zöpfe des niedlichen Köpfchens der Hals zu zart. Aus heiteren blauen Augen blickte sie sehr deutlich umher, und das artige Stumpfnäschen forschte so frei in die Luft, als wenn es in der Welt keine Sorgen geben könnte; der Strohhut hing ihr am Arm, und so hatte ich das Vergnügen, sie beim ersten Blick auf einmal in ihrer ganzen Anmut und Lieblichkeit zu sehen und zu erkennen. (...)

Fällt aber nicht ihr Abglanz auch auf den Verführer, der schließlich doch um die Süße betrogen wird? (...) Weil er nicht mehr die Gewalt des jus primae noctis hat, wird er zum Sendboten der Lust, schon ein wenig komisch für die Bürger, die jene rasch genug sich verbieten. Dem Angstlosen haben sie ihr Ideal von Freiheit abgelernt. Indem es aber allgemein wird, wendet es sich gegen ihn, dem Freiheit noch ein Privileg war. Bald werden sie die Willkür in die Freiheit hineinnehmen und sie damit in ihren Widersinn verkehren. Don Juan aber war rein von der Lüge, es wäre seine Willkür die Freiheit der anderen, und damit tat er dieser die Ehre an, die er ihr raubt. Zerlina hatte recht, daß sie ihn mochte. Ewig ist sie das Gleichnis der Geschichte im Stillstand. Wer in sie sich verliebt, meint das Unaussprechliche, das aus dem Niemandsland zwischen den kämpfenden Epochen mit ihrer silbernen Stimme tönt." (165)

Zwischen der ersten und zweiten Aufklärung stehe die Französische Revolution und die deutsche Philosophie „von Kant bis Hegel, die bekanntlich im „Absoluten endet". Keiner der „philosophes", so Peter Bürger in einem Essay über Heinrich Heine (1797-1856), habe die die gewaltsamen Umbrüche der Französische Revolution vorhergesehen geschweige denn „bewusst auf sie hingearbeitet". (166) *Der Schlaf der Vernunft gebiert Ungeheuer ( El sueno de la razon produce monstruos)* betitelt Francisco de Goya (1746-1828) sein Aquatinta unter dem Eindruck der Gräuel im Jahr 1799.

Die „sonderbarsten Analogien" zwischen der „geistigen Revolution" in Deutschland und der" materiellen Revolution" in Frankreich, stellt Heinrich Heine fest. In *Zur Geschichte der* Religion *und Philosophie in Deutschland* schreibt er:

„Auf beiden Seiten des Rheins sehen wir denselben Bruch mit der Vergangenheit, der Tradition wird alle Ehrfurcht aufgekündigt; wie hier in Frankreich jedes Recht, so muß dort in Deutschland jeder Gedanke sich justizieren, und wie hier das Königtum, der Schlußstein der alten sozialen Ordnung, so stürzt dort der Deismus, der Schlussstein des geistigen alten Regimes." (167)


Voltaire (1694-1778) habe nur den „Leib des Christenthums" verletzen können, nicht dessen tieferen Geist: „Alle seine Späße, die aus der Kirchengeschichte geschöpft, alle seine Witze über Dogmatik und Cultus, über die Bibel, dieses heiligste Buch der Menschheit, über die Jungfrau Maria, diese schönste Blume der Poesie, das ganze Dictionnaire philosophischer Pfeile, das er gegen Clerus und Priesterschaft losschoss, verletzte nur den sterblichen Leib des Christenthums, nicht dessen inneres Wesen, nicht dessen tieferen Geist, nicht dessen ewige Seele." (168)

„Diese Herren gehen in der Tat zu weit.", konstatiert auch Moses Mendelssohn (1729-1786) -jener Moses Mendelssohn, der Lessing (1729-1781) Vorbild für die Figur des Nathan ist - in einem Brief an Thomas Abbt aus dem Jahr 1765: „Voltaire und Helvetius haben durch ihre Zügellosigkeit manches gute Gemüth zum Aberglauben zurückgejagt, und also ihrer eigenen Sache geschadet." (169)

Das Christentum sei als Idee unzerstörbar und sein schönstes Verdienst, die „germanische Kampfeslust einigermaßen besänftigt" zu haben, schreibt Heine weiter. Aber wenn erst „der zähmende Talismann, das Kreuz, zerbricht, dann rasselt wieder empor die Wildheit der alten Kämpfer, die unsinnige Berserkerwut, wovon die nordischen Dichter soviel sagen. (...) Der Gedanke geht der Tat voraus, wie der Blitz dem Donner. Der deutsche Donner ist freilich auch ein Deutscher und ist nicht sehr gelenkig und kommt etwas langsam herangerollt; aber kommen wird er, und wenn ihr es einst krachen hört, wie es noch niemals in der Weltgeschichte gekracht hat, so wißt: der deutsche Donner hat endlich sein Ziel erreicht. (...) Es wird ein Stück aufgeführt werden in Deutschland, wogegen die Französische Revolution nur eine harmlose Idylle erscheinen möchte. Jetzt ist es freilich ziemlich still: und gebärdet sich auch dort der eine oder andere etwas lebhaft, so glaubt nur nicht, diese würden einst als wirkliche Akteure auftreten. Es sind nur die kleinen Hunde, die in der leeren Arena herumlaufen und einander anbellen und beißen, ehe die Stunde erscheint, wo dort die Schar der Gladiatoren anlangt, die auf Tod und Leben kämpfen sollen." (170)

Namentlich nennt er Fichte (1762-1814), -dessen „Idealismus ein kolossaler Irrtum"- Schelling (1775-1854) und Kant (1724-1804). Durch den „schwerfälligen, steifleinenen Stil seines Hauptwerks" habe letzterer sehr viel Schaden gestiftet, „denn die geistlosen Nachahmer äfften ihn nach in dieser Äußerlichkeit, und es entstand bei uns der Aberglaube, daß man kein Philosoph sei, wenn man gut schriebe."

Heine fährt fort: „Gott ist, nach Kant, ein Noumen. Infolge seiner Argumentation ist jenes transzendentale Idealwesen, welches wir bisher Gott genannt, nichts anders als eine Erdichtung. (...) Schon daß ich jemanden das Dasein Gottes diskutieren sehe, erregt mir eine sonderbare Angst (...) ‚Gott ist alles, was da ist' und Zweifel an ihm ist Zweifel an das Leben selbst, es ist der Tod. So verwerflich auch jede Diskussion über das Dasein Gottes ist, desto preislicher ist das Nachdenken über die Natur Gottes." (171)

Hegel (1770-1831) dagegen, der „die Naturphilosophie zu einem vollendeten System ausbildet" habe, lobt Heine ob des „konstituierenden Seelenfrieden(s)" und der „Gedankenharmonie", die in diesem „revolutionären Geist" walten. (172)

Dies aus der Feder eines so kritischen Geistes wie Heine? Kennt Heine, als er dies schreibt, Hegels Berliner Vorlesungen aus dem Jahr 1818 über *Philosophie der Geschichte* nicht? Ihre Niederschrift wurde 1848 postum veröffentlicht. Eben da ist zu lesen:

„Der germanische Geist ist der Geist der neuen Welt…." Und: „Der Krieg hat die höhere Bedeutung, daß durch ihn die sittliche Gesundheit der Völker in ihrer Indifferenz gegen das Festwerden der endlichen Bestimmtheiten erhalten wird." (173)

In seiner Vorrede zur zweiten Auflage von *Zur Geschichte der Religion und Philosophie in Deutschland* (1852) distanziert Heine sich von einigen „Verstümmelungen" und einem „Irrtum" in der Erstauflage:

„Als die erste Auflage dieses Buches die Presse verließ und ich ein Exemplar desselben zur Hand nahm, erschrak ich nicht wenig ob den Verstümmelungen, deren Spur sich überall kundgab. (...) Vielmehr die Furcht Cäsars als die Furcht Gottes leitete die Hand bei diesen

Verstümmelungen, und während sie alles politisch Verfängliche ängstlich ausmerzte, verschonte sie selbst das Bedenklichste, das auf Religion Bezug hatte. So ging die eigentliche Tendenz dieses Buches, welche eine politisch-demokratische war, verloren, und unheimlich starrte mir daraus ein ganz fremder Geist entgegen, welcher an scholastisch-theologische Klopffechtereien erinnert und meinem humanistisch-toleranten Naturell tief zuwider ist. Ich bekenne daher unumwunden, daß alles, was in diesem Buch namentlich auf die große Gottesfrage Bezug hat, ebenso falsch wie unbesonnen war. Ebenso unbesonnen wie falsch ist die Behauptung, die ich der Schule nachsprach, dass der Deismus in der Theorie zugrunde gerichtet sei und sich nur noch in der Erscheinungswelt kümmerlich hinfriste. Der Deismus lebt, lebt sein lebendigstes Leben, er ist nicht tot, und am allerwenigsten hat ihn die neueste deutsche Philosophie getötet. Diese spinnwebige Berliner Dialektik kann keinen Hund aus dem Ofenloch locken, sie kann keine Katze töten, wieviel weniger einen Gott."

Von „gottlosen Selbstgöttern" Marx (1818-1883), Feuerbach (1804-1827) u.a. lesen wir hier weiter. Und zu Hegel: Die biblische Schlange am Baum der Erkenntnis, diese „kleine Privatdozentin", habe schon sechstausend Jahre vor Hegels Geburt die ganze Hegelsche Philosophie vorgetragen. „Dieser Blaustrumpf ohne Füße zeigt sich sehr scharfsinnig, wie das Absolute in der Identität von Sein und Wissen besteht, wie der Mensch zum Gott werde durch die Erkenntnis oder, was dasselbe ist, wie Gott im Menschen zum Bewusstsein seiner selbst gelange." (174)

„Spinnwebige Berliner Dialektik" - wir befinden uns in der Mitte des 19. Jahrhunderts und die Laudationes des Rektors der jungen Universität zu Wittenberg aus den Jahren 1733/34 auf ihren Doktor und Magister aus Guinea sind weit entfernt.

„Nothing obstructs enlightenment more than the Eurocentric constructions of universal history directed by Hegel at the University of *Berlin"*, konstatiert, wie bereits zitiert, Christopher Britt in *Enlightenment in an Age of Destruction.* (175)

„Jenes eigentliche Afrika", lehrt nun Hegel, „ist soweit die Geschichte zurückgeht, für den Zusammenhang der übrigen verschlossen geblieben; es ist das in sich gedrungene Goldland, das Kinderland, das jenseits des Tages der selbstbewussten Geschichte in die schwarze Farbe der Nacht gehüllt ist (…)es ist kein geschichtlicher Erdteil, er hat keine Bewegung und Entwicklung aufzuweisen (…)Was wir unter dem eigentlichen Afrika verstehen, das ist das Geschichtslose und Unaufgeschlossene, das noch ganz im natürlichen Geist befangen ist, und das hier nur an der Schwelle der Weltgeschichte vorgeführt werden mußte." (176)

Indien und China erscheinen in Hegels Theorie einer linear verlaufenden Weltgeschichte in der Phase der Kindheit – Natur, noch „Substanz" nicht „Subjekt"- , Persien dagegen als erstes historisches Volk ontologisch im Übergang von Natur zu Geist, zu einem sich seines Selbst bewussten Subjekt. Das am weitesten entwickelte Stadium habe Deutschland mit seiner Ausbildung des Staates erreicht. „Das Göttliche des Staates ist die Idee, wie sie auf Erden vorhanden ist." (177)

„The sun may rise in the East but it sets in the West and it is from the West that the Owl of Minerva spreads its wings.(…) Of course, the countries of Africa and Latin America are from this point of view „off the map", so to speak, and treated as „non-historical" in contrast to „pre-historical", a distinction which India and China have." Joseph Prabhu, *Cross- Cultural Hermeneutics after Hegel.* (178)

119

Ein Staatenbündnis zum Zweck des Friedenserhalts, wie es Kant konzipiert, lehnt Hegel ab; im Krieg zwischen Völkern sieht er ein geeignetes Mittel zum Erhalt ihrer „sittlichen Gesundheit". Was für Marx die „Klassen", seien für Hegel die „Völker", schreibt Bertrand Russell 1945 in *A History of Western Philosophy* (179)

Den Gang der Geschichte sieht Hegel bestimmt durch eine ihr immanente Idee, das Absolute: an ihrem Anfang und Ende Christus als Urgrund und Telos in einem, die Erscheinung des Gottessohns die Achse der Weltgeschichte.

Der christliche Glaube sei ein Glaube, nicht der Glaube der Menschheit, wendet Karl Jaspers (1883-1969) in Distanz zur eurozentrischen Perspektive Hegels ein:

„Die Achse der Weltgeschichte, falls es sie gibt, wäre empirisch als ein Tatbestand zu finden, der als solcher für alle Menschen, auch die Christen gültig sein kann." (180)

Jaspers nimmt den Begriff aus der Aufklärung auf und verortet „Achsenzeit" zeitlich zwischen 500 und 200 v. Chr., räumlich in China, Indien, Iran, Palästina, Griechenland. Es habe sich „Außerordentliches zusammengedrängt"; der Mensch sei sich seiner selbst und seiner Grenzen bewusst geworden; bis heute wirksame „Grundkategorien" und „Ansätze der Weltreligionen" seien hervorgebracht, „Schritte ins Universale" getan worden. (181) :

„Was an den Entfaltungen der Achsenzeit nicht Teil gewinnt, bleibt „Naturvolk", in der Art des ungeschichtlichen Lebens der Jahrtausende (…) Für viele Naturvölker wurde die Berührung Grund ihres Aussterbens. Menschen blieben entweder im Stande der Naturvölker oder gewannen Teil an dem neuen, nun allein grundlegenden Geschehen." (182)

Die Achsenzeit sei in geistigen Kämpfen, Zerspaltungen des Geistigen gescheitert: „Unruhe und Bewegung bis an den Rand des Chaos. (...) Es ging weiter. Nur das halte ich für gewiß: Von der Auffassung der Achsenzeit wird unser gegenwärtiges Situations- und Geschichtsbewusstsein bis in Konsequenzen bestimmt, die ich nur zum Teil habe andeuten können, sowohl wenn man die These annimmt, als auch wenn man sie verwirft. Es handelt sich darum, wie uns die Einheit der Menschheit konkret wird." (183)

Es liege in der Logik des Achsenzeit-Theorems, die Aufklärung als Achsenzeit zu denken. Wenn die antike Achsenzeit eine Zeit fundamentaler geistesgeschichtlicher Neuerungen in der Welt gewesen sei, argumentiert Wolfgang Schmale in *Geschichte der „Aufklärung" in der globalen Neuzeit,* dann hätten diese nicht nur lange in Europa, sondern auch in anderen Weltregionen nachgewirkt:

„Ich sehe das Besondere in dem umfassenden-lebenswissenschaftlichen Zugriff, der sich durch den globalen Kommunikationsraum manifestiert und über die Zeiten hinweg Wohlgefühl auslöst, weil er in wohlgestaltete Formen (Kulturmuster) gekleidet wurde (Dichtung, Roman, Essay, Spekulation, Musik, Kunst, Schauspiel, Oper etc.) Das heißt auch, die abstrakteren philosophischen Gehalte, die Rechts-, Staats- und Gesellschaftstheorien sind in eine von Emotionen getragene Schreibumgebung eingebettet, deren logische Form das Erzählen ist. Somit bleibt alles nah beim Menschen." Keines der weltanschaulichen Orientierungsangebote des 19. und 20. Jahrhunderts hätten das geschafft. (184)

Europäische Aufklärung ist kein homogenes Ereignis, weder in

„materieller" noch in „geistiger" Hinsicht (Heine); sie kennt unterschiedliche „diskursive Stile" (Bürger), unterschiedliche regional-zeitliche Verläufe. Am Beispiel der Rezeption *Don Quijotes* zeigt Jürgen Jacobs auf, wie nach dem „robusten Moralismus und jener rigiden Vernünftigkeit" der frühen Aufklärung, in der man *Don Quijote* nur als Narren habe sehen können, im Verlauf des 18. Jahrhunderts eine „individualisierende und psychologisch differenzierende Sehweise" sich durchgesetzt habe. (185)


Ob Gespenster von der Bühne zu verbannen seien? Voltaire hatte in *Semiramis* ein Gespenst in Szene gesetzt und war dafür von aufgeklärten Zeitgenossen kritisiert worden. Nein, antwortet Lessing in der *Hamburgischen Dramaturgie*:

„Dieser Verlust wäre für die Poesie zu groß und hat sie nicht Beispiele für sich, wo das Gespenst aller unserer Philosophen trotzet, und Dinge, die der kalten Vernunft sehr spöttisch vorkommen, unsere Einbildung sehr fürchterlich zu machen weiß. (...) Es kömmt nur auf seine Kunst an, diesen Samen zum Keimen zu bringen, nur auf gewisse Handgriffe, den Gründen für ihre Wirklichkeit Schwung zu geben. Hat er diese in seiner Gewalt, so mögen wir im gemeinen Leben glauben, was wir wollen; im Theater müssen wir glauben, was er will." (186)

Mozart lässt im *Don Giovanni* den „Steinernen Gast" auftreten und dem „Angstlosen" (Adorno) dessen Untergang androhen; in der *Zauberflöte* müssen die Paare bei einer Wanderung durch mythische Welten Prüfungen bestehen. Mozart weiß um menschliche Ängste und versteht, damit in Tönen umzugehen: das *alla turca* aus der Klaviersonate KV 331 weckt bei seinen Zeitgenossen angstbesetzte Erinnerungen an die osmanische Belagerung Wiens und Schreckensberichte über Janitscharenkorps; *Zaide* und *Die*

*Entführung aus dem Serail* sprechen Ängste vor dem Fremden an, *Titus* Gefühle von Ohnmacht und Schuld, die ersten Takte des *Requiems* möglicherweise die vor Mozarts nahem Tod.

Die Frage, die sich den Aufklärern stellt: bleibt der Mensch in Ängsten und Abhängigkeiten gefangen und manipulierbar oder vermag er sie aufzulösen?

*A new crowned hope* nennt Peter Sellars sein Festivalprojekt im Mozart-Jahr 2006, bezugnehmend auf Mozarts *Freimaurerkantate* KV 623:

"Unser Herz und unsre Worte, an die Tugend ganz gewöhnt, o dann ist der Neid gestillet, und der Wunsch so ganz erfüllet, welcher unsre Hoffnung krönt."

„Ganz unerwartet ist *La clemenza di Tito* eine äußerst wichtige Oper für das 21. Jahrhundert geworden", schreibt Sellars. „Es geht um die Reaktion auf den Terrorismus, um das Durchbrechen des Kreislaufs der Gewalt und um die Vorherrschaft der Gnade. (…) Wir glaubten immer, diese Oper sei ein reines Traumspiel - bis Nelson Mandela Präsident von Südafrika wurde, eine Regierung bildete mit denselben Leuten, die versucht hatten, ihn umzubringen, um so den Kreislauf des Tötens zu durchbrechen. Die Wahrheits- und Vergebungskommission, wo die Verbrecher ihren Opfern und deren Familien gegenübertreten mussten, testeten die Grenzen und Möglichkeiten der Vergebung heute." (187)

„Im Nachspiel von Mozarts Orchester scheint die entzweite Menschheit selber versöhnt", schreibt, wie eingangs zitiert, Adorno.

In der Musik, in der Musik der Wiener Klassik, hat die Sonatenhauptsatzform die alte Polyphonie abgelöst, Themen werden gegeneinander und zusammengeführt („These-Antithese-Synthese"); Joseph Haydns (1732-1809) Orchesterspiel ist dialogisch. Erst die Musik der Romantik und Spätromanitk wird eine betont subjektzentrierte sein.

Zurück zu Lessing und Heinrich Heine. Lessing habe den Luther fortgesetzt, lesen wir bei Heine. Er habe die Bibel zur alleinigen Quelle des Christentums gemacht und von Traditionen befreit. Zur Befreiung von dem dabei entstandenen „starre(n) Wortsinn", der „ebenso tyrannisch herrschte wie einst die Tradition" habe Lessing am meisten beigetragen, (188)

„Möglich, daß der Vater nun die Tyrannei des einen Rings nicht länger in seinem Haus hat dulden wollen! Und gewiss! /Dass er euch alle drei geliebt, und gleich geliebt: indem er zwei nicht mögen, um einen zu begünstigen. – Wohlan! Es eifre jeder seiner unbestochnen von Vorurteilen freien Liebe nach!" (Lessing, *Nathan der Weise*, III, 7)

Im Widerstand gegen die Mystik und ihre „radikale Transparentmachung der Dogmen als Symbole" habe die Kirche ihre intellektuelle Beweglichkeit verloren, schreibt Eric Voegelin:

„Mit dem massiven Durchbruch der Mystik in der Generation nach Thomas scheint mir das entscheidende Ereignis der westlichen Geschichte gekommen zu sein, insofern als die Kirche daran zerbrochen ist, dass sie die Mystik mit ihrer radikalen Transparentmachung der Dogmen als Symbole institutionell nicht aufnehmen konnte. Die Mystik hatte historisch „recht"; und in der Zurückweisung ihrer aletheia ist die Dogmatik zur doxa geworden. Das Versagen der Kirche an diesem kritischen Punkt hatte die verhängnisvolle Konsequenz nicht nur die Reformation geistig zu legitimieren, sondern durch die Kirchenspaltung und Autoritätszerstörung die an sich legitime Revolte, ohne institutionelle Hemmungen, in die berühmte „Säkularisierung" laufen zu lassen. (...) Die Kirche ist reaktionär, weil sie im Widerstand gegen die Mystik auch ihre intellektuelle Beweglichkeit verloren hat und die progressive Welt ist intellektuell bankrott, weil ohne die Empirie dies „unsichtbaren Masses" der Intellekt keine Substanz hat, an der er sich abarbeiten kann." (189)

In ihrer Vorrede zur Neuauflage der *Dialektik der Aufklärung* erläutern Horkheimer und Adorno ihr berühmt gewordenes Wort von der Aufklärung, die Mythen zerstörte, die sie selbst erschuf:

„Wir glauben in diesen Fragmenten insofern zu solchem Verständnis beizutragen, als wir zeigen, daß die Ursache des Rückfalls von Aufklärung in Mythologie nicht so sehr bei den eigens zum Zweck des Rückfalls ersonnen nationalistischen, heidnischen und sonstigen modernen Mythologien zu suchen ist, sondern bei der in Furcht vor der Wahrheit erstarrenden Aufklärung selbst." (190)

Und Karl Jaspers:

„Das „wissenschaftliche Weltbild" im Unterschied vom mythischen war selber jederzeit ein neues mythisches Weltbild mit wissenschaftlichen Mitteln und dürftigem, mythischem Gehalt. Die Welt ist kein Gegenstand, wir sind immer in der Welt, haben Gegenstände in ihr, aber nie sie selbst zum Gegenstand. (…) Die Welt ist ungeschlossen. Sie ist nicht aus sich selbst erklärbar, sondern in ihr wird eines aus dem anderen ins Unendliche erklärt. Niemand weiß, an welche Grenze eine künftige Forschung noch dringen wird, welche Abgründe sich ihr noch auftun werden."

Er fährt fort:

„Erst in der Kommunikation wird der Zweck der Philosophie erreicht, in dem der Sinn aller Zwecke zuletzt gegründet ist: das Innewerden des Seins, die Erhellung der Liebe, die Vollendung der Ruhe." (*Die Unabhängigkeit des philosophierenden Menschen.1976*, 191)

## Exkurs: Emmanuel Levinas, *Le temps et l'autre. 1979*

"Die ganze Besonderheit des Verhältnisses des einen zum anderen wird unbemerkt übergangen. Platon konstruiert einen Staat, der die Welt der Ideen nachahmen soll; er bildet eine Philosophie aus einer Welt des Lichtes, aus einer Welt ohne Zeit. Im Ausgang von Platon wird das Ideal des Sozialen in einem Ideal der Verschmelzung gesucht. Man denkt, dass das Subjekt in seinem Verhältnis zum andern darauf abzielt, sich mit ihm zu identifizieren, indem das Subjekt in eine kollektive Repräsentation, in ein gemeinsames Ideal versinkt. Es ist die Kollektivität, die „wir" sagt, die, der Sonne des Erkennbaren, der Wahrheit zugewandt, den andern nur neben sich und nicht von Angesicht zu Angesicht wahrnimmt. Eine Kollektivität, die sich notwendigerweise um einen dritten Bezugspunkt herum aufbaut, der als Vermittler dient. Auch das Miteinandersein (i.O. deutsch) bleibt die Kollektivität des Mit und es enthüllt sich in seiner authentischen Form um den Mittelpunkt der Wahrheit herum. Es ist Kollektivität um etwas Gemeinsames herum. Wie in allen Philosophien der Gemeinschaft findet sich die Sozialität auch bei Heidegger im Subjekt allein und die Analyse des Daseins (i.O. deutsch) wird in ihrer authentischen Form in Begriffen der Einsamkeit durchgeführt. Dieser Kollektivität des Seite-an-Seite habe ich die Kollektivität des „Ich-Du" entgegenzusetzen versucht, die ich jedoch nicht im Sinne von Buber auffasse, bei dem die Gegenseitigkeit die Verbindung zwischen zwei getrennten Freiheiten bleibt und bei dem der unvermeidbare Charakter der isolierten Subjektivität unterschätzt wird. Ich habe ein zeitliches Transzendieren einer Gegenwart auf das Geheimnis der Zukunft hin gesucht. Dieses Transzendieren ist nicht die Teilhabe an einem dritten Bezugspunkt, sei es an einer Person, an einer Wahrheit, an einem Werk, an einem Beruf. Es ist eine Kollektivität, die keine Gemeinschaft ist. Es ist das von Angesicht-zu-Angesicht ohne Vermittelndes und es ist uns im Eros gegeben, in dem in der Nähe des anderen uneingeschränkt die Distanz aufrechterhalten wird, im Eros, dessen Leidenschaftlichkeit von dieser Nähe und dieser Dualität zugleich gebildet wird. Was man als Misslingen der Kommunikation in der Liebe ausgibt, stellt gerade die Positivität des Verhältnisses dar; diese Abwesenheit des anderen ist gerade seine Anwesenheit als des anderen. Dem Kosmos, der die Welt Platons ist, wird die Welt des Geistes entgegengestellt, in der die Implikationen des Eros sich nicht auf die Logik der Gattung zurückführen lassen, die Welt des Geistes, in der sich das Ich an die Stelle des Selben und der andere (autrui) an die Stelle von (etwas) Anderem treten." (192)

Gesellschaftliche und politische Institutionalisierungen:

*Zum ewigen Frieden* (Saint-Pierre, Kant), *Menschenrechtsdeklaration* der Vereinten Nationen, *Konvention zum Schutz der Menschenrechte und Grundfreiheiten* des Europarats, *African Charter on Human and Peoples' Rights* der Afrikanischen Union, Ubuntu

„*Zum ewigen Frieden.* Ob diese satirische Überschrift auf dem Schilde jenes holländischen Gastwirths, worauf ein Kirchhof gemalt war, die *Menschen* überhaupt, oder besonders die Staatsoberhäupter, die des Krieges nie satt werden können, oder gar wohl nur die Philosophen gelte, die jenen süßen Traum träumen, mag dahin gestellt sein." Immanuel Kant, *Zum ewigen Frieden.* 1795 (193)

Der satirischen Überschrift des holländischen Gastwirts, die Kant in seinem Spätwerk *Zum ewigen Frieden* meint, könnte die Erfahrung des dreißigjährigen Kriegs um Religion und Macht zugrunde liegen, der weite Teile Europas verwüstet hatte. Er wurde mit einem Friedensschluss beendet, der wegen der Gleichbehandlung der beteiligten Staaten unabhängig von Religion, Macht und territorialer Größe als wegweisend im Völkerrecht gilt. Der Westphälische Friede von Münster und Osnabrück aus dem Jahr 1648 zielt auf Ausgleich und Balance zwischen Reich, Adel und Ständen und wird Bestandteil der Rechtsordnung des Heiligen Römischen Reichs Deutscher Nation bis zu dessen Ende mit Niederlegung der Reichskrone durch den Habsburger Kaiser Franz II im Jahr 1806 und der Neuordnung Europas infolge der Napoleonischen Kriege.

*Projekt zum ewigen Frieden* ist auch die deutsche Übersetzung eines

Friedensmodells für Europa aus dem Jahr 1712: *Projet de Paix Perpétuelle Pour L'Europe* Inmitten des spanischen Erbfolgekriegs zwischen Bourbonen und Habsburgern, nach Aufständen in Frankreich gegen die Kriegssteuern , die die Herrschaft Ludwig XIV hatten sichern sollen, entwirft Charles Irénée Abbé Castel de Saint-Pierre eine „Union" der bis dahin absolutistischen europäischen Monarchien , ihre Einbindung in eine nach heutigem Sprachgebrauch regelbasierte Ordnung : konzipiert als ein föderales Bündnis mit supranationalen Elementen – u.a. einer gemeinsamen Gesetzgebung und gemeinsamem Militär – als eine dauerhafte und mit ausreichend Macht ausgestattete Gesellschaft, um die Macht der Herrscherhäuser ausbalancieren , den Handel zwischen den Nationen zu sichern und einen anhaltenden Frieden schaffen zu können. In einem zweiten Schritt soll das Projekt alle Staaten der Erde umfassen; im Lauf der Jahrhunderte werde, so Abbé Castel de Saint-Pierre, die Mehrzahl der Souveräne Asiens und Afrikas um Aufnahme in die Union bitten.

Die Menschen könnten so lange friedlich zusammenleben, solange sie keinen Besitz oder kein Land besäßen, über das sie disputieren oder das sie teilen müssten. Es bedürfe einer „Société permanente", einer alle inkludierenden Gemeinschaft, und von Gesetzen, um Differenzen ohne Krieg zu lösen:

„Tel est l'état des Chefs de Familles Sauvages, qui vivent sans Loix: telle est la situation des petits Rois d'Affrique, des malheureux Caciques, ou des petits Souverains d'Amérique : telle est même jusqu' à present la situation de nos Souverains d'Europe: comme ils n'ont encore aucune *Societé permanente* entre eux , ils n'ont aucune Loy propre à décider *sans Guerre* leurs differens; car quand même par les conventions de leurs Traitez ils pourroient prévoir& décider tous les cas qui peuvent donner naissance à leurs differens, ces Conventions peuvent-elles jamais être regardées comme des Loix inviolables, tant qu'il demeure en la liberté de l'un ou de l'autre des

Prétendans de les violer sous des prétextes qui ne manquent jamais à celui qui ne manque jamais à celui qui ne veut pas s'y soûmettre, chacun d'eux n'aura-t-il pas la liberté de les violer selon son caprice, tant qu'ils ne seront ni les uns, ni les autres dans la nécessité de les observer? Et qui peut les mettre dans cette heureuse nécessité, que la force supérieure d'une *pemanente et suffisament puissante,* s'ils en faisoient partie; mais jusqu'à présent ils n'ont point formé entr'eux de *Societé permanente, et suffisament puissante."* (194)

In der Einschätzung der menschlichen Natur – nicht in den politischen Schlussfolgerungen - finden sich Übereinstimmungen mit Jean Jacques Rousseau. Abbé de Saint-Pierre setzt auf eine föderale, Rousseau auf eine sozial-autoritäre Ordnung:

„Der Reiche in seiner Bedrängnis entwarf schließlich den ausgedachtesten Plan, den jemals der menschliche Geist ausbrütete, nämlich zu seinen Gunsten sogar die Kräfte derer zu benutzen, die ihn angriffen, aus seinen Gegnern seine Verteidiger zu machen, ihnen andere Grundsätze einzuflößen und ihnen andere Einrichtungen zu geben, die ihm so vorteilhaft wurden, wie ihnen das Naturrecht zuwider war. (...) ‚Wir wollen uns vereinen', sagte er ihnen, ‚um die Schwachen vor der Unterdrückung zu beschützen, die Ehrgeizigen im Zaum zu halten und jedem den Besitz zuzusichern, der ihm gehört. Wir wollen Vorschriften erlassen, denen jeder zu folgen verpflichtet ist, die kein Ansehen der Person gelten lassen und auf gewisse Weise Launen des Glücks wiedergutmachen, indem sie den Mächtigen wie den Schwachen gleicherweise gegenseitigen Pflichten unterwerfen. Kurzum: statt unsere Kräfte gegen uns selbst zu wenden, wollen wir sie zu einer höchsten Gewalt vereinigen, die uns nach weisen Gesetzen regiert, alle Mitglieder der Gesellschaft schützt und verteidigt, die gemeinsamen Feinde zurückweist und uns in einem ewigen Frieden erhält." (Rousseau, *Über den Ursprung und die*

Hegel, der im Krieg ein geeignetes Mittel sieht, nationale Stärke zu entwickeln und den Weltgeist walten zu lassen, wird Bündnisse zum Zweck der Friedenssicherung ablehnen. Aber mit Hegel verlassen wir die Aufklärung und befinden uns im 19. Jahrhundert.

Abbé Saint-Pierres Modell zu Beginn des 18. Jahrhunderts erscheint als ein Vorläufer von Kants republikanischem Modell eines weltweiten föderalen Staatenbundes, wie es mehr als dreihundert resp. zweihundert Jahre später in den Vereinten Nationen (UN), der Europäischen Union (EU) und Afrikanischen Union (AU) realisiert werden wird.

Wie Kant 1795 feststellt, werden die „Staatsoberhäupter des Krieges nicht satt". Es folgen Jahrhunderte national- imperialer Machtpolitiken, deren wirtschaftliche Basis - Rohstoffe, Menschen als Handelsgüter, Produktionsmittel und Konsumenten - in den überseeischen Kolonien europäischer Staaten liegt. Mit der Einführung der Wehrpflichtarmeen in der Folge der bürgerlichen Revolution in Frankreich stehen den konkurrierenden Nationalstaaten Soldaten in zuvor ungekanntem Umfang zur Verfügung; hinzu kommen Kontingente aus den Kolonien.

Im 1. Weltkrieg kämpfen 1.5 Mill. Inder in der britischen Armee, davon 650 T in Europa, 440 T Soldaten aus dem französischen Kolonialreich auf Seiten Frankreichs. Im 2. Weltkrieg stehen ca 11. Millionen Soldaten unter britischem Kommando, davon ca 6. Millionen aus den Kolonien, ca 100 T Afrikaner tragen dazu bei, den Angriff Japans auf die britische Kronkolonie Indien zurückzuschlagen;

in der französischen Armee kämpfen ca 1 Millionen Afrikaner auf wechselnden Seiten (Vichy-Regime und Forces francaises libres), ca 100 Tausend sterben in den ersten Kriegstagen in Nordafrika, 60 T geraten in deutsche Gefangenschaft. (196)

Unter ihnen Léopold Sédar Senghor; in der 1948 veröffentlichten Gedichtsammlung *Hosties noires* schreibt er:

„Und das Blut meiner schwarzen Brüder, der Senegalschützen, von welchen jeder vergossene Tropfen ein Sporn aus Feuer ist in meiner Flanke. /Tragischer Frühling! Blutiger Frühling! Ist, Afrika, dies deine Botschaft?" (197)


Unter den Bedingungen der Massenarmeen ändert sich die Kriegsführung. Ein Privatmann, Henri Dunant, ergreift nach der Schlacht von Solferino, 1863, die Initiative zur Einführung minimaler humanitärer Standards auf den Schlachtfeldern; aus der Gründung des Internationalen Komitees vom Roten Kreuz in Genf (IKRK) gehen die Genfer Konvention und ihre Zusatzartikel als humanitäres Völkerrecht hervor.

„Das Rote Kreuz ist eines der ältesten Markenzeichen der Welt, vermutlich bekannter als Coca-Cola, und man wird keinem Durstigen mit der Behauptung zu nahetreten, dass seine Wirkung segensreicher war als die aller Erfrischungsgetränke", schreibt Hans Magnus Enzensberger. „Kein Marketingexperte hat das Emblem erfunden. Niemand hätte sich vor eineinhalb Jahrhunderten träumen lassen, dass aus dem Treffen einiger Genfer Honoratioren eine Institution hervorgehen würde, wie sie die Geschichte der Menschheit nie zuvor gekannt hat." (198)

Im 21. Jahrhundert treten mit der Erosion staatlicher Macht und der leichten Verfügbarkeit von Waffen, ebenfalls in zuvor unbekanntem

Umfang, in vielen Teilen der Welt rivalisierende ethnische Gruppen, marodierende Militärs und Paramilitärs, Milizen, regional und überregional organisierte Terrorgruppen als Akteure asymmetrischer Kriegsführung auf. Der afrikanische Kontinent ist in zunehmendem Maß vom Terror militanter islamistischer Gruppierungen in rohstoffreichen Regionen des Sahel und in Mozambique betroffen, in failed states wie Mali, Somalia, dem Sudan. Große Teile des Territoriums der rohstoffreichen Republik Kongo im Herzen des Kontinents sind seit der Gründung unter den Bedingungen des Ost-West-Konflikts heute Bürgerkriegsgebiet.

„Alle unsere Bemühungen beruhen auf der Überzeugung, daß der Mensch selbst inmitten der schlimmsten Entartungen des Krieges ein fundamentales Mindestmaß an Menschlichkeit bewahrt. Ereignisse wie diese machen es schwierig, diesen Glauben zu bewahren. Doch ohne ihn müßten wir eingestehen, daß den Menschen nichts vom Tier unterscheidet, *und dies werden wir nicht eingestehen.*" Diese Botschaft eines IKRK- Delegierten verlas der damalige Präsident des IKRK, Cornelio Sommaruga, beim Gedenken an die im Dezember 1996 in Grosny bei einem Überfall auf eine IKRK -Klinik massakrierten Mitarbeiter und Mitarbeiterinnen. (199)

*„Zum ewigen Frieden"*: Kants Spätwerk, wenige Jahre nach dem Sturz der absolutistischen Monarchie in Frankreich geschrieben, entwirft das Modell eines föderalen Bündnisses republikanisch verfasster Staaten, eines „Besuchsrecht" von „Weltbürgern" in anderen Ländern, eines „Weltbürgerrecht als öffentlichem Menschenrecht", eines „transzendentale(n) und bejahende(n) Prinzip des öffentlichen Rechts, dessen Formel diese sein würde: „Alle Maximen, die der Publicität *bedürfen* (um ihren Zweck nicht zu verfehlen), stimmen mit Recht und Politik vereinigt zusammen."" (200) Movens der Selbstorganisation der Staaten zum Frieden ist in Kants Sicht   der

*Handelsgeist,* der Kriegführung nicht im Interesse der Staaten erscheinen lasse:

„Es ist der *Handelsgeist,* der mit dem Kriege nicht zusammen bestehen kann, und der früher oder später sich jedes Volks bemächtigt. Weil nämlich unter allen der Staatsmacht untergeordneten Mächten (Mitteln) die *Geldmacht* wohl die zuverlässigste sein möchte, so sehen sich Staaten (freilich wohl nicht eben durch Triebfedern der Moralität) gedrungen, den edlen Frieden zu befördern und, wo auch immer in der Welt Krieg auszubrechen droht, ihn durch Vermittlung abzuwehren, gleich als ob sie deshalb im beständigen Bündnisse ständen; denn große Vereinigungen zum Kriege können der Natur der Sache nach sich nur höchst selten zutragen und noch seltener glücken." (201)

Um des Friedens in Europa willen werden nach dem 2. Weltkrieg die Mitgliedstaaten der 1951 gegründeten Montanunion - Belgien, Bundesrepublik Deutschland, Frankreich, Italien, Niederlande - den Handel mit den kriegswichtigen Gütern Kohle und Stahl unter die supranationale Kontrolle der Hohen Behörde stellen. (Europäische Gemeinschaft für Kohle und Stahl, EGKS)

Die Montanunion wird später per Fusionsvertrag mit der 1957 gegründeten Europäischen Wirtschaftsgemeinschaft (EWG) und Euratom in die erweiterte Europäische Gemeinschaft (EG) übergehen und die supranationale Hohe Behörde aufgelöst werden; 2009 wird aus EG die Europäischen Union (EU) mit gegenwärtig 27 Mitgliedstaaten als föderaler Staatenbund mit supranationalen Elementen hervorgehen.

Ziel bei ihrer Gründung ist ein dauerhafter Frieden nach der von Kriegen geprägten Geschichte des Kontinents qua wirtschaftlicher Zusammenarbeit und Entwicklung und, in der Bi-Polarität des Kalten Krieges, die Einbindung in das westliche Bündnissystem. Im Lauf des

Integrationsprozesse werde die außenpolitische Zusammenarbeit intensiviert, EU-Recht und ein über dessen Einhaltung wachender Gerichtshof (EuGH), ein Binnenmarkt und eine gemeinsame Währung, gemeinsame Außengrenzen und Freizügigkeit für EU-Bürger, ein direkt gewähltes (noch nicht mit allen klassischen Kompetenzen) ausgestattetes Parlament, nicht zuletzt eine zentrale Administration institutionalisiert werden.

Die Übereinstimmung aller nationalen Politiken mit den „Maximen, die der Publicität *bedürfen"* (Kant) der EU ist eine wiederkehrende Herausforderung. Ziel des Integrationsprozesses der EU ist heute die wirtschaftspolitische und geostrategische Stärkung Europas im globalen, multipolaren Kräfteverhältnis; nach dem russischen Angriff auf die Ukraine wird erneut die mögliche Bildung einer gemeinsamen Armee innerhalb der Nato zum Thema. Die Afrikanische Union (AU), Nachfolgeorganisation der Organisation of African Unity (OAU), wird sich nicht nur in ihrer Namensgebung 2009 auch am Modell der EU orientieren.

Nach dem *Westphälischen Frieden* (1648), Abbé de Saint-Pierres Projekt eines *Paix Perpétuelle en Europe* (1712) und Kants globalem *Ewigen Frieden* (1795), nach den Maximen der Französischen Revolution (1789) - *Freiheit–Gleichheit-Brüderlichkeit-* dauert es in Europa mehrere Jahrhunderte, bis die *Allgemeinen Menschenrechte* institutionalisiert werden und Eingang ins Völkerrecht, in nationale Verfassungen und Gesetzgebungen finden.

England kennt seit 1215 eine *Magna Carta*, die die Rechte des Adels, der Kirche und der Bürger gegenüber der Krone regelt; Preußen verbot 1758 Sklaverei auf seinem Staatsgebiet; der Code Civil /Code Napoléon garantiert Gleichheit der Bürger vor dem Gesetz, vereinheitlicht und modernisiert u.a. das Zivilrecht, das römische

Recht der Pax Romana, kodifiziert Zivil- Straf- und Sachenrecht freier Bürger im Geltungsbereich.

Einen exkludierenden Aspekt von Gesetzen, die „Heteronomie des Subjekts", sieht Seloua Luste Boulbina und veranschaulicht ihn kafkaesk: *Kafka's monkey and other phantoms of Africa.* Gemeint ist Kafka's Novelle *Bericht an eine Akademie* ,1917, von einem Affen namens Rotpeter an eine Akademie. Philosophen von „Kant bis Rousseau" seien dem Irrtum erlegen. „It traces the wall separating some from others, dividing the glorious body, according to Foucaults expression in *Surveiller et punir* from the 'least body' and the condemned." (202)

Menschenrechte sind per definitionem allgemein. Nach den Erfahrungen zweier Weltkriege, Kolonialismus, Sklaverei und Shoa bekennt sich auf globaler Ebene die 1945 in San Francisco gegründete Organisation der Vereinten Nationen (UN) in ihrer Charta zu Grundrechten und Würde des Menschen und verabschiedet 1948 in ihrer Generalversammlung eine Deklaration der Menschenrechte; auf europäischer Ebene der 1949 gegründete Europarat eine Konvention der Grund- und Menschenrechte- jeweils expressis verbis auf die Postulate der Freiheit, Gleichheit und Brüderlichkeit rekurrierend.

„All human beings are born free and equal in dignity and rights. They are endowned with reason and conscience and should act towards one another in a spirit of brotherhood." Die *Universal Declaration of Human Rights* wird 1948 als UN-Resolution mit 46 Ja- Stimmen bei 0 Enthaltungen von der GA angenommen; mit „Nein" stimmen UdSSR,

CSSR, Jugoslawien, Polen, Ukraine, Weißrussland, Saudi-Arabien und die Republik Südafrika. Die Republik China - noch nicht die VR China - stimmt mit „Ja"; in der gegenwärtigen Diskussion versteht die VR China den Menschenrechtsbegriff als einen spezifisch westlichen. (203)

„Alle Menschen sind frei und gleich an Würde und Rechten geboren. Sie sind mit Vernunft und Gewissen begabt und sollen einander im Geiste der Brüderlichkeit begegnen." Die *Europäische Menschenrechtskonvention (EMRK) Art.1* wird 1950 von den 47 Mitgliedstaaten des Europarats verabschiedet und tritt 1953 als rechtsverbindlicher Vertrag in Kraft; die garantierten Rechte sind beim Europäischen Gerichtshof in Straßburg einklagbar. (204)

EU verpflichtet sich im Vertrag von Lissabon 2009 zum Beitritt zur EMRK; damit wird der Schutz der Menschenrechte zu einer die EU in ihrem gesetzgebenden und exekutiven Handeln rechtlich bindenden und einklagbaren Verpflichtung: das Beitrittsverfahren ist noch nicht abgeschlossen.

Das *Grundgesetz der Bundesrepublik Deutschland*, 1949, verpflichtet alle staatliche Gewalt zum Schutz der Menschenwürde und versieht Art 1 mit Ewigkeitsgarantie:

„(1) Die Würde des Menschen ist unantastbar. Sie zu achten und zu schützen ist Verpflichtung aller staatlichen Gewalt.

(2) Das deutsche Volk bekennt sich darum zu unverletzlichen und unveräußerlichen Menschenrechten als Grundlage jeder menschlichen Gemeinschaft, des Friedens und der Gerechtigkeit in der Welt.

(3) Die nachfolgenden Grundrechte binden Gesetzgebung, vollziehende Gewalt und Rechtsprechung als unmittelbar geltendes Recht. (205)

1993, angesichts fremdenfeindlicher Exzesse, erinnert Richard von Weizsäcker, damaliger Bundespräsident, daran: dort stehe "die Würde des Menschen", dort stehe nicht: „die Würde nur des Deutschen".

Die 1963 gegründete Organisation of African Unity (OAU) wird sich in ihrer Charta zur UN- Charter und der Universal Declaration of Human Rights bekennen und 1981 (Jahr der Unterzeichnung) mit der *African Charter on Human and Peoples' Rights* (ACHPR) auch Gruppen, neben Personen und Staaten, zu Rechtsträgern erklären.

In der ersten Hälfte des 20. Jahrhunderts erstarken die Unabhängigkeitsbewegungen in den Kolonien, oft inspiriert und angeführt von in Europa und USA ausgebildeten intellektuellen Eliten - Nehru hat in Cambridge/Uk studiert, Nkrumah in England und in den USA, Gandhi hatte als Anwalt in der Republik Südafrika gearbeitet, Senghor war Abgeordneter des Senegal in der Französischen Nationalversammlung -; die Energien und militärischen Potentiale der Kolonialmächte sind im 2. Weltkrieg im Kampf gegen Hitler-Deutschland und seine Verbündeten gebunden. Sie werden in erheblichem Maß materiell und personell auch aus den Kolonien gezogen.

Kein Ereignis sei, so Joseph Ki-Zerbo, seit dem Sklavenhandel und der „Zerstückelung" des Kontinents auf der Berliner Konferenz 1884 für Afrika so verheerend und mit so nachhaltigen Folgen gewesen, wie der 2. Weltkrieg. Dem Aufruf de Gaulles zur freiwilligen Beteiligung an den Forces Francaises Libres (FFL) sei nur einer der Gouverneure aus dem Kolonialreich gefolgt, Félix Eboué, Gouverneur Äquatorial-Guineas, dem als einzigem farbigen Gouverneur klar gewesen sei, was ein Sieg Hitler-Deutschlands und seiner Verbündeten für Afrika und die Welt bedeutet hätte. Seit 1933 richtete die NSDAP ein Kolonialpolitisches Amt für die Verwaltung des „germanischen Kolonialreichs" ein; Mussolini plante ein „Imperium Romanum" in Ostafrika, Japan expandierte im Pazifik, nach Indien und China. Für de Gaulle war Afrika „eine ausgezeichnete Ausgangsbasis für die Rückeroberung Europas", für die Befreiung von Paris aber habe er den Befehl des „Blanchisement" („Bleiche") gegeben und die afrikanischen Truppenverbände nach Südfrankreich oder an die Front im Elsass verlegen lassen. (206)

Senghor, der den Appell de Gaulles im Juni 1940 im Sinne eines gemeinsamen Kampfes für die „Gleichheit verbrüderter Völker" begrüßt hatte, gibt seiner Enttäuschung in *Hosties noires* Ausdruck: „Tragischer Frühling! Blutiger Frühling! Ist, Afrika, das deine Botschaft?" (s. Note 195)

1947 wird Indien, das „Kronjuwel des britischen Empire", als Dominion unabhängig und 1950 Republik. Auf dem afrikanischen Kontinent werden 1956 Tunesien, Marokko und der Sudan, 1957 Ghana in die staatliche Unabhängigkeit entlassen, gefolgt von den meisten Kolonien und Territorien unter britischer, französischer und belgischer Herrschaft. Angola und Mozambik erlangen ihre staatliche Unabhängigkeit erst 1975, nach dem Sturz des Salazar-Regimes und der „Nelkenrevolution" in Portugal; 1965 hatte Rhodesien einseitig seine Unabhängigkeit von Großbritannien erklärt, die 1980 vertraglich festgeschrieben und international anerkannt wird.

Die Staaten Südamerikas hatten sich, dem Beispiel Nordamerikas folgend, bereits seit dem frühen 19. Jahrhundert von der europäischen Kolonialmacht abgesetzt, als letztes Land Brasilien von der Portugiesische Krone. Das erste europäische Kolonialreich ist auch das letzte, seine Kolonien in die Unabhängigkeit zu entlassen; das ehemals mit dem Handel u.a. von Zucker und Sklaven zum reichsten Land des Kontinents aufgestiegene Portugal ist 1975 eines seiner ärmsten, mit einer Analphabeten Quote seiner überwiegend ländlichen Bevölkerung um 80%. Das, der europäischen Entwicklung abgewandte Salazar-Regime hatte seine Bevölkerung in Unwissenheit halten wollen. Kaum 50 Jahre später, verfügt das EU-Mitglied Portugal über ein modernes Bildungs- und Sozialsystem, wirtschaftliche Kompetenz vornehmlich im IT–Bereich, Handel und Tourismus und ist aufgrund seiner Sprache, geographischen Lage und Geschichte eine mögliche transatlantische Brücke Europas nach Südamerika und Afrika.

Mit dem Beitritt der politisch souverän gewordenen Staaten zur Organisation der Vereinten Nationen verdoppelt sich Mitte der 1960er Jahre die Anzahl ihrer Mitgliedstaaten; der „globale Süden" erlangt numerische Mehrheit in der Generalversammlung (GA), dem egalitär strukturierten parlamentarischen Organ der UN; die „Geldmacht" (Kant) verfügt in der Weltbankgruppe über qualifizierte Mehrheiten; 4 Siegermächte des 2. WW und die Republik China halten als ständige Mitglieder in dem mit exekutiven Vollmachten („Maßnahmen") ausgestatteten Sicherheitsrat (SC) ein Veto-Recht, 10 nichtständige Mitglieder des SC werden von der GA nach regionalem Proporz und turnusmäßig gewählt.

Die UN- Charta weist dem SC die Funktion einer „built-in directing group" zu; bereits Dag Hammarskjold beklagt als UN-Generalsekretär 1960, dass der SC diese Aufgabe nicht erfülle.

„The fifteen years which have been passed since the founding of the United Nations have witnessed a different development." (Report of the Secretary General on the Work of the Organization 1959-1960. Introduction) (207)

Ihre wichtigste Wirkung hat die UN als Forum der Weltöffentlichkeit. Als solche nehmen die unabhängigen Staaten Afrikas sie wahr. Ihre Inaugural-Adressen reflektieren Selbstverständnis und politische Programmatiken, ihr Abstimmungsverhalten fortbestehende politisch-wirtschaftliche Abhängigkeiten und Positionierungen in der innerhalb der Ost- West-Polarität in der 2. Hälfte des 20. Jahrhunderts. Sie bekräftigen ihre Verpflichtung auf Charta und Menschenrechtsdeklaration der UN; einige betonen bereits hier eine in ihren Kulturen tradierte enge Verbindung individueller mit gemeinschaftlichen Rechten und Pflichten; OAU wird sie 1981 in ihrer *African Charter on Human and Peoples' Rights* rechtsverbindlich für ihre Mitgliedstaaten machen.

Zu Beginn ihrer staatlichen Unabhängigkeit variieren Modelle eines afrikanischen Sozialismus zwischen einem humanistisch geprägten, wie dem Senghors (Senegal), einem panafrikanischen, wie dem Nkrumahs (Ghana) und einem marxistischen, wie dem Sékou-Tourés (Guinea). Nkrumahs Vision einer bundesstaatlichen Einheit Afrikas – die Problematik der europäischen Nationalstaaten war in den Erfahrungen zweier Weltkriege offenbar geworden- scheitert an den unterschiedlichen politischen Konzeptionen, wirtschaftlichen Interessen und postkolonialen Bindungen der einzelnen Staaten. Die politische Unabhängigkeit wird realisiert in den von den Kolonialmächten gezogenen Grenzen, im Modell des europäischen Nationalstaats des 19. Jahrhunderts und im Einflussraum des Kalten Krieges der beiden damaligen Supermächte. Er wird auf dem afrikanischen Kontinent kein nur kalter Krieg sein.

„Was den ‚afrikanischen Nationalismus' betrifft", schreibt Mbembe rückblickend, „so war er ursprünglich eine mächtige Utopie, die über grenzenlose emanzipatorische Kraft verfügte – der Versuch, uns selbst zu begreifen, vor der Welt zu bestehen und uns in Würde aufzurichten, als bloße menschliche Wesen. Aber sobald der Nationalismus zur offiziellen Ideologie eines plündernden Staates wurde, verlor er seinen ethischen Kern und verschrieb sich dem Dämon, der „die Finsternis durchstreift und das Tageslicht scheut".“ (208)

Die Kolonialmächte waren strukturgebend gewesen, die hinterlassenen Bildungssysteme und wirtschaftliche wie politisch-administrativen Infrastrukturen an ihren jeweiligen Mustern orientiert. In den ersten Jahrzehnten der Unabhängigkeit unterscheiden die politischen Kulturen des frankophonen Afrikas sich deutlich von denen des anglophonen. Mit innerafrikanischen Gemeinsamkeiten und Friktionen, wie sie sich innerhalb der GA 1975, im Jahr der sg. Ölkrise darstellen, befasse ich mich detailliert in *Positionen afrikanischer Politik. Im Brennpunkt der XXIX Generalversammlung.* (209)

An dieser Stelle ist stellvertretend für viele andere die Antrittsrede des tansanischen Staatspräsidenten, Julius K. Nyerere, in Auszügen wiedergegeben, die frühe Hoffnungen und politische Programmatiken ebenso wie bis heute nachwirkende und virulente Konfliktlinien in Afrika aus der Sicht des Jahres 1961 aufzeigt: Kolonialismus, Unterentwicklung und wirtschaftliche Abhängigkeit, Rassismus, die Einheit Afrikas und machtvolle Einflussnahme von außen, Ungleichgewicht der realen Machtverhältnisse in den UN und die Hoffnung auf das Egalitätsprinzip der GA, Brüderlichkeit:

„It may be, because of the history of Africa, that we are particularly conscious of the need to reaffirm this basic faith in relation to the racial divisions of mankind. (…) What we are in fact saying is that we shall try to use the Universal Declaration of Human Rights as a basis for both our external and internal policies.

That Declaration confirms the right of every individual to many things, which we cannot yet provide for the citizens of our own countries, in that respect this document , the Universal Declaration of Human Rights , represents our goal rather than something that we have already achieved, None the less, the underlying theme the Universal Declaration, that of human brotherhood, regardless of race, colour or creed, is the basic principle which we ourselves in Tanganyika, and we believe other peoples in Africa and other parts of the world, have been struggling to implement.

We partake it as a basis, as a basic article of faith, that every individual has an equal right to inherit the earth, to partake of its joys and of its sorrows and to contribute to the sort of society, which he desires for himself and also for his children. (...) We believe, in fact, that the individual man and woman is the purpose of society. (...) And we believe that every country, because of differences of other circumstances, is trying in a different way to organize itself in a manner that suits itself in carrying out this principle. (...)

Within this Assembly every nation is an equal, and we believe that in this lies the unique character of the United Nations and its greatest asset. I hope I will be forgiven for saying that the nations represented in this Hall today are unequal in almost everything except the dignity and the respect which you, Mr. President, and the General Assembly accord to each one of them individually. The nations represented differ greatly in size and in their military and economic power. Before the power of some of the nations now in this Hall, some of us, especially small countries like Tanganyika, do tremble. (...) The United Nations is the forum of world opinion at the present time, and we believe that its imperfections, if it has any, are irrelevant to this. (...)

With a united Africa we believe that not only will the danger of conflict on our continent be avoided, but that we shall find ourselves strengthened in the fight which each of the African States is now waging- a fight which some Members have already referred to here: the fight against poverty, against disease and against ignorance which we inherit from the colonial system.

Co-operation across national boundaries would be easy if those boundaries were secondary to our membership of a united African community.(...) I shall conclude as I commenced by saying that we have faith in humanity , that we shall endeavour to strengthen man's attempts to progress spiritually as well as in material wealth and that we shall try to play a full, honest and constructive part in the Organization.(...)" *Independance Address to the United Nations , 14.12.1961* (210)


1963 schließen die afrikanischen Staaten sich zu einem föderalen Staatenbund, der Organization of African Unity (OAU) zusammen; die Republik Südafrika wird 1990 nach Ende des Apartheid-Regimes Mitglied. Sitz der Organisation wird Addis Ababa, Hauptstadt Äthiopiens. Grund dieser Wahl ist der unabhängige und international anerkannte Status des damaligen Kaiserreichs, das im 2. Weltkrieg zwar Ziel der Expansion Italiens war – Mussolini intendierte eine neues „Imperium Romanum" in Ostafrika u.a. als Siedlungsgebiet landloser italienischer Bauern und setzte Giftgas gegen die eritreische und äthiopische Bevölkerung ein -, dessen Zentralregion aber nie in seiner bis in die Antike zurückreichenden Geschichte (gr. Aithiopia =ΑιΘιοπια) unter Fremdherrschaft stand. In der Charta der OAU bekräftigen die Signatarstaaten ihre Verpflichtung auf UN-Charter und -Menschenrechtsdeklaration:

„We the Heads of African States and Governments assembled in the City of Addis Ababa, Ethiopia,

Convinced that it is the inalienable right of all people to control their

145

own destiny,

Conscious of the fact that freedom, equality, justice and dignity are essential objectives for the achievements of the legitimate aspirations of the African peoples,

(...)

Persuaded that the Charter of the United Nations and the Universal Declaration of Human Rights, to the principles of which we reaffirm our adherence, provide a solid foundation for peaceful and positive cooperation among States,

Desirous that all African States should henceforce unite so that the welfare and well-being of their peoples can be assured,

Resolved to reinforce the links between our States by establishing and strengthening common institutions,

Have agreed to the present Charter." (211)


Zentrale Aufgabe der OAU ist die Wahrung des Friedens auf dem Kontinent durch allseitige Anerkennung der von den Kolonialmächten willkürlich gezogenen Staatsgrenzen, die sprachliche, ethnische und religiöse Gruppen trennen und zu historisch nicht gewachsenen „Nationen" formieren. „Nation-building" wird zu einem konfliktreichen Prozess afrikanischer Innenpolitiken. Die Bindung an die Gruppe – Herkunfts- und Großfamilie, Dorfgemeinschaft, Ethnie – ist für Leben und Überleben in Afrika ungleich wichtiger als in westlichen Sozialstaaten.

Festzustellen ist zudem, dass laut Recherchen J. Vansinas manche der vermeintlich ethnischen Zuordnungen von den Kolonialmächten aus verwaltungstechnischen und pragmatischen Gründen getroffen wurden, sozusagen um Ordnung in eine für sie unübersichtlich fremde Welt zu bringen. (212)

Auch Achille Mbembe beschreibt eine „Zirkulation der Welten", einer Kultur der Mobilität, die während der Kolonialzeit durch „die moderne Institution der Grenzziehung" zum Erstarren gebracht worden sei, Afrikas Geschichte bestehe aus einem „Kommen und Gehen, bewegten Strömungen zum Kontinent hin und von ihm weg". (213) Lebenswelten in Afrika seien entwicklungsoffen gewesen, räumliche Grenzen und soziale und kulturelle Bindungen überschreitend.:

„Die Vorstellung einer ontologischen Begrenzung hatte folglich nie die Autorität, die ihr in anderen Weltreligionen zugeschrieben wurde. (...) Ein *anderer zu werden*, die Grenzen zu überwinden, noch einmal an anderen Orten und in einer Vielzahl anderer Gestalten, einer unendlichen Zahl anderer Zusammensetzungen auferstehen zu können, prinzipiell andere Lebensströme zu zeugen - das war die grundlegende Forderung innerhalb einer im eigentlichen Sinne weder vertikalen noch horizontalen oder diagonalen, sondern vernetzten Struktur." (Mbembe, Dankesrede anlässlich der Verleihung des Gerda Henkel Preises in 2018, 214)

Von Grenze als einem Idiom der Igbo-Sprache, einer Bantu-Sprache, für Verbindung schreibt Mogobe Bernard Ramose:

„In der von uns bevorzugten ontologischen Perspektive stellt die Grenze keinen Ort der Exklusion des ‚Anderen' dar. Vielmehr bedeutet sie zugleich den Moment der erneuten Affirmation des „Ichs" und den Vereinigungspunkt des „Anderen" mit dem „Ich" (...) Auf diese Weise bestimmt das *Da-sein* die Grenze als die Anerkennung des unauslöschlichen Netzes komplexer Beziehungen unter und zwischen Wesen, wobei das „Ich" und die „Anderen" als menschliche und nichtmenschliche verstanden werden können." (215)

Mit der Aufnahme von Gruppenrechten in ihrer Charta trägt OAU dieser Realität Rechnung: *African Charter of Human and Peoples Rights (AU, Banjul Charter)* erklärt 1981 Gruppen - intra- und transnationale kulturelle und sozi-ökonomische Gruppen. Die Rechte sind am 2004 eingesetzten African Court on Human and Peoples' Rights in Arusha, Tansania, einklagbar.

Wirtschaftliche, soziale und kulturelle Rechte seien nicht zu trennen von Bürger- und politischen Rechten. Kiesel spricht in einer juristischen Würdigung von einem „Drei-Personen-Verhältnis" (216) Betont werden neben den Rechten auch die Pflichten des Einzelnen vis-à-vis der Gemeinschaft:

„Considering that the Charter of African Unity, which stipulates that 'freedom, equality, justice and dignity are essential objectives for the achievement of the legitimate aspirations of the African peoples;

(…)

Taking into consideration the virtues of their historical traditions and the values of African civilisations which should inspire and characterize their reflections on the concept of human and peoples' rights;

(…)

Recognizing on the one hand, that fundamental human rights stem from the attributes of human beings, which justifies their international protection and on the other hand, that the reality and respect of peoples' rights should necessarily guarantee human rights;

Considering, that the enjoyment of rights and freedoms also implies the performance of duties on the part of everyone;

Convinced that it is henceforce essential to pay a particular attention to the right of development and that civil and political rights cannot be dissociated from economic, social and cultural rights in their conception as well as universality and that the satisfaction of economic, social and cultural rights is a guarantee for enjoyment of civil and political rights." (217)

AU nimmt bereits in der Namensgebung Bezug auf das Modell der EU; ihre Signatarstaaten erklären wirtschaftliche Entwicklung, Beilegung innerer Konflikte auf dem Kontinent aus eigener Kraft und ohne Einflussnahme von außen und die Wahrung der „human and peoples' rights" zu ihren vornehmlichen Aufgaben.

„Kommunikative Vernunft", Kommunikation mit dem anderen, der sozialen Gruppe in einer als belebt wahrgenommen Umwelt, ist konstitutiv in afrikanischen Kulturen. Senghor stellt dem cartesianischen „Cogito, ergo sum" ein rhythmisches „Je danse, donc je suis" als afrikanische Selbst- und Welterfahrung entgegen, Desmond Tutu, südafrikanischer Bischof der anglikanischen Kirche und Friedens-Nobelpreisträger die Ethik des „Ubuntu":

„Ubuntu does not say: 'I think, therefore I am.' It says rather: 'I am, because I belong. I participate. I share." (218)

Ubuntu, ein Idiom der Bantu- Sprachen, wurde zu einem zentralen Begriff der Wahrheits- und Versöhnungskommission (Truth and Reconciliation Commission) nach dem Ende des Apartheid-Regimes in der Republik Südafrika, deren Vorsitz Bischof Tutu führte.

*„Auf dem Weg zu einer afrikanischen Moraltheorie?"* Thaddeus Metz, University of Witwatersrand, Johannesburg, fasst Ubuntu so zusammen:

„U1: Eine Handlung ist insoweit richtig, wie sie die Würde einer Person respektiert. Sie ist in dem Maße falsch, wie sie die Menschlichkeit herabsetzt.

U2: Eine Handlung ist insoweit richtig. wie sie das Wohlergehen anderer fördert. Sie ist in dem Maße falsch, wie sie daran scheitert, zur Vergrößerung von deren Wohlergehen beizutragen.

U3: Eine Handlung ist insoweit richtig, wie sie das Wohlergehen anderer fördert, ohne dabei deren Rechte zu verletzen. Sie ist in dem Maße falsch, wie sie entweder deren Rechte verletzt, oder darin scheitert, zur Vergrößerung ihres Wohls ohne Rechtsverletzung beizutragen.

U4: Eine Handlung ist insoweit richtig, wie sie in positiver Weise Beziehungen zu anderen aufbaut und sich dabei selbst verwirklicht. Sie ist in dem Maße falsch, wie die wertvolle Natur des Einzelnen als soziales Wesen nicht vervollkommnet.

U5: Eine Handlung ist genau soweit richtig, wie sie Solidarität mit Gruppen, deren Überleben gefährdet ist, ausdrückt. Sie ist in dem Maße falsch, insofern sie es unterlässt, eine verletzliche Gemeinschaft zu unterstützen.

U6: Eine Handlung ist insoweit richtig, wie sie Harmonie schafft und Zerwürfnisse reduziert. Sie ist in dem Maße falsch, wie es ihr nicht gelingt, Gemeinschaft herzustellen." (219)


Diese holzschnittartige Skizze einer „afrikanischen Moraltheorie" erscheint im Blick auf manche ihr zuwiderlaufende Realität Afrikas idealisierend. Sie verdeutlicht gleichwohl die bis heute wirkmächtige Einbindung des Einzelnen in interpersonale und komplexe Beziehungsgeflechte, wie sie nicht nur die Bantu-Kulturen kennen. Mit der Betonung transnationaler und interpersonaler, kommunikativer Parameter, afrikanisches und europäisches kulturelles Erbe reflektierend, ohne nativistischen Erklärungen anzuhängen, bringen Philosophie und Politik in Afrika zukunftweisende Aspekte in den globalen Diskurs ein. Es geht dabei um die Strukturierung des inter- und transnationalen

Beziehungsgeflechts, um Verteilung und Nutzung von Ressourcen, nicht zuletzt um das Selbstverständnis des Menschen und seine Rolle in Gesellschaft und natürlicher Umwelt.

„Centuries of philosophical and theological traditions in the West have been built around the false and profoundly misleading idea of humanity as encapsulated." Joseph Prabhu zitiert den Psalmisten, Psalm 8:

"What is a man, that thou are mindful of him? And the son of man, that thou visitest him? For thou hast made him a little lower than the angels and crowned him with glory and honor. Thou hast made him to have dominion over the works of thy hands; thou hast put all things under his feet. (King James Version)" (220)

Die Gottesebenbildlichkeit des Menschen bestehe in der Aufklärung „in der Souveränität übers Dasein, im Blick des Herrn, im Kommando", so Horkheimer und Adorno in *Dialektik der Aufklärung:*

„Gegenüber der Einheit solcher Vernunft sinkt die Scheidung von Gott und Mensch zu jener Irrelevanz herab, auf welche unbeirrbare Vernunft gerade seit der ältesten Homerkritik schon hinwies." (221)

Bertrand Russell spannt den Bogen zurück zum Beginn der wissenschaftlichen Technik namentlich in der Renaissance, die den Menschen weniger abhängig von seiner Natur gemacht und ein Gefühl von Macht verliehen habe. „Im Gegensatz zur Religion ist sie moralisch neutral: sie versichert den Menschen, dass sie Wunder vollbringen können, verrät ihnen aber nicht, welche Wunder sie vollbringen sollen."

Dem Machtrieb der Menschen an der Spitze großangelegter Organisationen, „die das wissenschaftliche Können zwangsläufig schafft", sei Spielraum gegeben wie nie zuvor. „Die von der wissenschaftlichen Technik inspirierten Philosophien sind Machtphilosophien und neigen dazu, alles Nichtmenschliche als bloßen Rohstoff anzusehen. Ziele und Zwecke werden nicht mehr beachtet; nur die Tauglichkeit der Methode wird gewertet. Auch das ist eine Art des Wahnsinns, und zwar die heutzutage gefährlichste Form des Wahnsinns, gegen den ein gesunde Philosophie ein Gegengift erfinden sollte." (222)

Russells aus 1945 datierende Analyse wird aktuell bestätig durch die Entwicklung von Technologien, die denen, die über sie verfügen, Kontrollmöglichkeiten über innergesellschaftliche und globale Prozesse in zuvor unbekannter Qualität und Quantität ermöglichen. Dies gilt für autoritär verfasste Staaten wie für global agierende Unternehmen und Unternehmer des Westens. Die Entwicklung Künstlicher Intelligenz (KI) ist auf dem Weg, den Menschen zu befähigen, sich selbst zu einem technischen Wesen zu klonen; für ein vernünftiges Entwicklungsziel fehlen ethische Grundlagen und rechtliche Regelungen. Aus Sicht Henry Kissingers ist KI eine grundlegende Herausforderung für die Welt im 21. Jahrhundert, namentlich für die internationalen Beziehungen und die Sicherheitspolitik, aus seiner Sicht vergleichbar der der europäischen Aufklärung. (223)

Zu Beginn des 21. Jahrhunderts prognostizierten einige politische Theorien für das Jahr 2030 eine rückläufige Globalisierung unter dem Einfluss knapper werdender Rohstoffe und die Ausbildung von „Autarkiezonen": Europa, USA mit Brasilien und Kanada (Wolfram

Eilenberger) und eine der „Lex Europa "folgende Türkei und Ukraine, und „mit ein wenig Glück sogar ein entvölkertes und mürrisches Russland"; die VR China werde die „Restauration des alten Reichs der Mitte abgeschlossen haben" (Parag Khanna, 224)

Die Realität in 2023: Die Politiken Russlands und der Türkei folgen Ideen vergangener historischer Größe; die Rivalität zwischen USA und der VR China droht zu eskalieren und stellt Europa vor wirtschafts-, bündnis- und sicherheitspolitische Herausforderungen; die BRICS-Staaten (Brasilien, Russland, Indien, China, Südafrika und weitere Beitrittsstaaten) intendieren ein Gegengewicht zu den G7-Staaten. Der Umgang mit der Migration über die Südgrenze der USA, der Anspruch auf white supremacy vermischt mit Armut und sozialen Abstiegsängsten spaltet die Gesellschaft und wird zur innenpolitischen Bedrohung der demokratischen Verfassung der USA. Vergleichbare Konflikte verstärken sich in Europa; populistische Politiken finden Akzeptanz und Zuspruch in Ländern mit großer wirtschaftlicher und sozialer Ungleichheit in vielen Teilen der Welt.

Die Militärausgaben in 2022 spiegeln einige der globalen Konfliktlinien: die Liste wird angeführt von den USA, gefolgt von der VR China, Russland, Indien und, auf Platz 5, Saudi-Arabien. Im Vergleich zu 2013 erhöhte die VR China ihre Militärausgaben um 63%, Indien um 6%, Saudi-Arabien um16%, Japan um 5,9%, Äthiopien um 88% und Europa um 30%. Die Militärausgaben Afrikas sind in der Summe in 2022 auf hohem Niveau leicht rückläufig: 39,4 Milliarden US$. Global stiegen sie auf 2,240 Billionen $. (225)

Die „Kollateralschäden" (AU, 2022) des Krieges um die Ukraine bringen die importabhängigen Volkswirtschaften Afrikas unter Druck und drohen, die Zahl der Hungernden ansteigen zu lassen. Gleichwohl ist festzustellen, dass afrikanische Staaten sich ihrer strategischen Bedeutung für die Konfliktparteien bewusst sind und beginnen, diese zu nutzen.

In den Konfliktlinien des 21. Jahrhunderts verschränken sich regionale mit globalen Umwelt-, Verteilungs- Sicherheitsproblemen; das Entstehen eines multipolaren Systems steht im Zeichen wird geprägt von der Rückkehr national-imperialer Machtpolitiken, systemischen Wettbewerbs, der Konfrontation freiheitlicher mit autoritären und theokratischen Politikstilen und -Zielen. Global wachsende zwischen- und innerstaatliche wirtschaftliche Ungleichheiten, Flucht- und Migrationsbewegungen lassen populistische Politiken in Herkunfts- wie in Ankunftsländern, weitgehend unkontrollierte Finanzmärkte lassen die „Geldmacht" weniger Einzelpersonen in systemischen Krisen erstarken. Anders als von Kant erhofft scheint die „Geldmacht" autokratischen Akteuren eher denn dem Frieden in und zwischen Staaten förderlich.

Für die Gesellschaften und Politiken Afrikas und Europas ist das interkontinentale -beide Kontinente trennt geographisch nur eine 50km schmale Meerenge- wie innergesellschaftliche Wohlstandsgefälle eine spezifische Herausforderung. Galtung hatte in den 70er Jahren von „asymmetrischen Beziehungen" zwischen „Zentrum und Peripherie" gesprochen, von „Interessenharmonie" zwischen dem Zentrum in der Zentralnation und dem Zentrum der Peripherienation, einer „größeren Interessendisharmonie" innerhalb der Peripherie als innerhalb der Zentralnation und „Interessendisharmonie" zwischen den Peripherien in Zentral- und Peripherienation. (226)


Kant postulierte ein „Weltbürgerrecht" als „öffentliches Menschenrecht", ein „Besuchsrecht", mit Blick auf das „inhospitale Betragen der vornehmlich handeltreibenden Staaten" nicht ein „Gastrecht":

„Da es nun unter den Völkern der Erde einmal durchgängig überhand genommen (engeren oder weiteren) Gemeinschaft so weit gekommen ist, dass die Rechtsverletzungen an einem Platz der Erde *an allen* gefühlt wird: so ist die eines Weltbürgerrechts keine phantastische und überspannte Vorstellung des Rechts, sondern eine notwendige Ergänzung des ungeschriebenen Codex sowohl des Staats- als Völkerrechts zum öffentlichen Menschenrechte überhaupt, zu dem man sich in kontinuierlicher Annäherung zu befinden nur unter dieser Bedingung schmeicheln darf."( 227)

Heute, angesichts weltweiter Migrations- und Flüchtlingsbewegungen, wird in Philosophie und Sozialwissenschaften die Frage diskutiert, ob es ein Menschenrecht auf Freizügigkeit gibt und unter welchen Bedingungen es zu realisieren wäre. Nach Angaben des UNHCR befinden sich gegenwärtig 108.4 Mill. Menschen auf der Flucht vor Hungernöten, Dürre und Überschwemmungen, Krieg und Vertreibung aus politischen und ethnischen und religiösen Gründen, die überwiegende Mehrzahl in ärmeren Nachbarstaaten. (228) Ca 50 Millionen Menschen leben nach Angaben der International Labor Organisation unter Bedingungen moderner Sklaverei, davon 28 Millionen in Zwangsarbeit, 12 Millionen in Zwangsehen. (ILO 2022, 229)

In seiner Analyse der Migrationsgeschichte bezweifelt Joseph Carens, die zunehmende Immigration in reiche demokratische Staaten werde zielführend für eine ökonomische Gleichheit „among people and places" sein; ein Recht auf Freizügigkeit scheitere an der Sozialstaatlichkeit reicherer Länder, deren Sicherheitsversprechen damit dauerhaft in Frage gestellt würden. Im Hinblick auf das heutige Asylrecht ruft er den Holocaust als dessen Ausgangspunkt ins Gedächtnis:

„Jews fleeing Hitler deserved protection, and most of them did not get it. In July 1938, representatives from over thirty countries met in

France to discuss how to respond to the refugees generated by Hitler's persecution of German Jews. Apart from the Dominican Republic no state offered to take in more refugees. Some Jews were able to find an open door – leading intellectuals and scientists, people with financial resources or political connections, and a few other lucky ones. But many more were turned away. In one famous case in 1933, Jewish refugees from Germany reached North America in a ship named St. Louis and sought asylum. They were refused permission to land. The boat returned to Europe and many of its passengers perished in the Holocaust." (230)

Auch diese historische Erfahrung gelte es zu erinnern, wenn wir die Frage der Grenzschließung gegenüber Zuflucht Suchenden in Europa und anderswo erörtern. Für die Zukunft der europäisch-afrikanischen Beziehungen erscheinen mir eine partnerschaftliche Vermeidung von Fluchtursachen und die Wahrung humanitärer Standards gegenüber Flüchtlingen von entscheidender Bedeutung.

„So here I am a man in my sixties, rubbing my eyes and trying to discern the outlines, out there in the mist, to this world I didn't suspect even existed until yesterday. (…) We must widen our common literary world to include many more voices from beyond our comfort zones of the elite first-world culture." Kazuro Ishiguro, Literatur-Nobelpreisträger, in seiner Nobel Lecture 2017. (231)

Russell imaginierte 1945 als politische Lösung eine Vereinigung der „Solidität des römischen Imperiums mit dem Idealismus des augustinischen Gottesstaate":

„Die alte Welt machte der Anarchie durch das römische Imperium ein Ende, aber das römische Imperium war    eine harte Tatsache, keine

Idee. Die katholische Welt suchte der Anarchie in Gestalt der Kirche Herr zu werden, die zwar eine Idee war, ich aber niemals entsprechend in der Wirklichkeit verkörperte. Weder die alte noch die mittelalterliche Lösung war befriedigend – die eine, weil sie sich nicht idealisieren, die andere, weil sie sich nicht aktualisieren ließ. Zur Zeit scheint die moderne Welt einer Lösung ähnlich der antiken zuzustreben: auf eine gewaltsam aufgezwungene soziale Ordnung, die stärker den Willen der Mächtigen als die Hoffnungen der gewöhnlichen Menschen repräsentiert. Das Problem einer dauerhaften, befriedigenden sozialen Ordnung lässt sich nur lösen, wenn es gelingt, die Solidität des römischen Imperiums mit dem Idealismus des augustinischen Gottesstaates zu vereinen. Dazu wird es einer neuen Philosophie bedürfen." (232)

Für ein „neues Paradigma für globale Beziehungen" plädierte 2001 eine vom ghanaischen UN-Generalsekretär Kofi Annan einberufene Gruppe neunzehn ausgewählter Persönlichkeiten, unter ihnen Richard von Weizsäcker, vormaliger deutscher Bundespräsident, und der Theologe Hans Küng:

„Das alte Paradigma der Ausgrenzung basiert darauf, dass implizit oder explizit ein „Nullsummen-Spiel" akzeptiert wird, das heißt eine Situation, in der es stets einen Gewinner und einen Verlierer gibt. Zugleich gründet es sich darauf, dass dringend ein Feind benötigt wird. Sowohl Ausgrenzung als auch ein Feindbild haben aber nichts in einer Realität verloren, in der Macht gestreut ist. (...) Es erscheint legitim, beim gegenwärtigen Entwicklungsstand der menschlichen Gesellschaft die Frage zu stellen: ist das Nullsummen-Spiel noch von Belang? Das Verständnis des gesamten Planeten als einzigartiges Ökosystem, die Erkenntnis, dass ansteckende Krankheiten keine Grenzen kennen, die  Echtzeit-Kommunikation (...) und   die überwältigende Realität der ökonomischen Globalisierung, das alles macht klar, dass es da draußen nur eine einzige gemeinsame Welt gibt, an der wir alle teilhaben." Aus der Hoffnung der Jahrtausendwende auf das Ende der „Nullsummenspiele" nach dem Kaltem Krieg wurde nicht politische Realität. Die Bipolarität hatte Ressourcen gebunden, aber sicherheitspolitisch global ein vergleichsweise stabiles Gleichgewicht bewirkt; angesichts der sich entwickelnden Multipolarität erscheint die Aufgabe des „Paradigmas der Ausgrenzung", des Nullsummenspiels von Gewinnern und Verlierern umso dringlicher für Erhalt und Entwicklung globalen Friedens. (233)

Mogobe Bernard Ramose: „Wir werden wahrscheinlich weitere Jahrhunderte der Frustration und des ausweichenden Veraltens erleben, wenn wir weiterhin an exkludierenden Grenzen festhalten. Die vor uns liegende Herausforderung des 21.Jahrhunderts besteht darin, den Kosmopolitismus zu transzendieren. (Anm.: weil er das *Da-sein* als Ganzes" negiere) und dabei dem existentiellen Versprechen zu folgen, ein dörfliches Zusammenleben innerhalb eines sich entfaltenden, komplexen Pluriversums des *Da-seins* zu erschaffen." (234)

Kant sieht im Interesse das Movens, durch das die „große Künstlerin Natur" durch die Zwietracht selbst Eintracht „emporkommen lässt", „prädominierende Ursache" und Garantie zugleich. (235)

„Die Morallehren der Aufklärung zeugen von dem hoffnungslosen Streben, an Stelle der geschwächten Religion einen intellektuellen Grund dafür zu finden, in der Gesellschaft auszuhalten, wenn das Interesse versagt." schreiben Horkheimer und Adorno 1944 in *Dialektik der Aufklärung:*

„Das Selbst, das nach der natürlichen Ausmerzung aller natürlichen Spuren als mythologischer weder Körper noch Blut noch Seele und sogar natürliches Ich mehr sein sollte, bildete zum transzendentalen oder logischen Subjekt sublimiert den Bezugspunkt der Vernunft, der gesetzgebenden Instanz des Handelns." (236)

Aus guten Gründen, so Habermas, habe sich die säkulare Moderne vom Transzendenten abgewendet, „aber die Vernunft würde mit dem Verschwinden jeden Gedankens, der das in der Welt Seiende im Ganzen transzendiert, verkümmern." (237)

Vom „intellektuellen Bankrott der progressiven Welt, der ohne die Empirie dieses unsichtbaren Maßes" (der Mystik, Anm. d. Verf.) keine Substanz habe, an der er sich abarbeiten könne, spricht Eric Voegelin; (238)

Von der Notwendigkeit einer „Metamorphose der Welt" spricht Ulrich Beck 2017:  kosmopolitisches Theoretisieren müsse als dialogischer „Raum der Positionen", in den „andere geschichtliche Hintergründe wieder in die Gesellschaftstheorie einfließen können" imaginiert und organisiert werden; (239)

Von „Inter-Being (...) in our common home" spricht Joseph Prabhu; (240)

Von einem Paradigmenwechsel von der „subjektzentrierten zur kommunikativen Vernunft" spricht Jürgen Habermas. In ihr dürfe „der Purismus der reinen Vernunft nicht wieder aufleuchten." Es müsse darum gehen, im Anderen den Gleichen zu erkennen und dies institutionell zu sichern. (241)

Vom „Im-Offenen-Wohnen" spricht Achille Mbembe: „Die Frage der universellen Gesellschaft stellt sich daher *per definitionem* in Begriffen des Im-Offenen-Wohnens, der Sorge um das Offen- was etwas ganz anderes ist, als ein Vorgehen, das in erster Linie darauf zielt, sich abzuschließen und eingeschlossen in dem zu bleiben, was gewissermaßen mit uns verwandt, was uns ähnlich ist. Diese Form der *Entähnlichung* ist das genaue Gegenteil von Differenz. (...) Um diese uns allen gemeinsame Welt zu schaffen, müssen wir jenen, die in der Geschichte einen Prozeß der Verdinglichung erfahren haben, den ihnen geraubten Teil an Menschlichkeit zurückerstatten." (242)

„Dem Fremden um seiner selbst willen Interesse abgewinnen", so Hubert Ivo in der zitierten Arbeit über Wilhelm von Humboldt: „Aus der Versöhnung mit den Endlichkeitsbedingungen menschlichen Daseins" erwachse erst die Möglichkeit, die eigenen mit fremden Welterfahrungen und ihren Kommunikationstraditionen in ein liberales Verhältnis zueinander zu bringen. (243)

Und Wilhelm von Humboldt: „Wenn wir eine Idee beschreiben wollen, die durch die ganze Geschichte hindurch in immer erweiterter Geltung sichtbar ist, wenn irgendeine die vielfach bestrittene, aber doch noch vielfacher missverstandene Vervollkommnung des ganzen Geschlechts beweist: so ist es die Idee der Menschheit, das Bestreben, die Grenzen, welche Vorurteile und einseitige Ansichten aller Art feindselig zwischen die Menschen gestellt, aufzuheben und die gesamte Menschheit ohne Rücksicht auf Religion, Nation und Farbe als einen großen, nahe verbrüderten Stamm , als ein zur Erreichung eines Zweckes , der freien Entwicklung innerer Kraft, bestehendes Ganzes zu behandeln. Es ist dies das letzte Ziel der Geselligkeit und zugleich die durch die Natur selbst in ihn gelegte Richtung des Menschen auf unbestimmte Erweiterung seines Daseins." (244)

Exkurs: Nelson Mandela, *Long Walk to Freedom*. 1994

„Währen dieser langen, einsamen Jahre wurde aus meinem Hunger nach Freiheit für mein eigenes Volk der Hunger nach Freiheit aller Völker, ob weiß oder schwarz. Ich wußte so gut, wie ich nur irgendetwas wusste, dass der Unterdrücker genauso befreit werden musste wie der Unterdrückte. Ein Mensch, der einem anderen die Freiheit raubt, ist ein Gefangener des Hasses, er ist eingesperrt hinter den Gittern von Vorteil und Engstirnigkeit. Ich bin nicht wahrhaft frei, wenn ich einem anderen die Freiheit nehme, genauso wenig wie ich frei bin, wenn mir meine Freiheit genommen ist. Der Unterdrückte wie der Unterdrücker sind gleichermaßen ihrer Menschlichkeit beraubt." (245)

# Résumé und Zukunftsperspektiven

Als zu Beginn des 18. Jahrhunderts Anton Wilhelm Amo – an der afrikanischen Goldküste frei geboren, als Kind an Sklavenhändler verkauft und zunächst auf die Zuckerplantagen Surinams, dann nach Amsterdam verschifft und dem Herzog von Braunschweig-Wolfenbüttel „zum Geschenk" gemacht – von der jungen Wittenberger Universität zum Doktor der Philosophie promoviert wird, sind Teile Europas inspiriert von den Ideen der Aufklärer. Gleichwohl stehen die Höhepunkte des Sklavenhandels und des Kolonialismus noch bevor.

Lissabon, Hauptstadt der ältesten und bis zum Sturz des Salazar-Regimes im späten 20. Jahrhundert letzten europäischen Kolonialmacht Portugal, ist zum Zeitpunkt die reichste Stadt Europas, reich geworden mit dem Handel mit Zucker und Sklaven; ihre Bevölkerung zählt 10% Afrikaner und Afrikanerinnen: Sklaven und afrikanische Fürsten.

Zwischen dem 16. und 18. Jahrhundert finden auf dem ganzen afrikanischen Kontinent Revolten der ländlichen Bevölkerung gegen ihre Dezimierung durch die mit dem Sklavenhandel expandierenden und mit dessen Ende zerfallenden Feudalsysteme statt. „Ezebuilo" - übersetzt: "The king is an enemy"- nennen Eltern ihre Kinder und tätowieren sie, um ihre Herkunft unauslöschlich zu machen. (246)

Was wäre, wenn die Ideen der Aufklärer – Liberté, Égalité, Fraternité – den Kontinent erreicht und sich mit diesen Revolten verbunden hätten?

Dieser Teil der afrikanischen und europäisch-afrikanischen Geschichte wird in den folgenden Jahrhunderten von den ebenso phantasmagorischen wie wirkmächtigen Narrativen französischer und deutscher Humananthropologen von „Rasse" und der vermeintlichen Geschichtslosigkeit des „in die schwarze Farbe der Nacht gehüllten Erdteils" (Hegel) verdunkelt werden und aus dem Blickfeld europäischer Historiographie und Wahrnehmung geraten. In Afrikas oral history und story telling lebt die Geschichte weiter.

Mit dem Dreieckshandel Portugals mit dem Königreich Kongo – Sklaven aus dem Kongo für den Zuckerrohranbau der Portugiesen auf Sao Tomé gegen Luxusgüter aus Lissabon für den kongolesischen Hof – entstand ein frühes Modell für den transatlantischen Sklavenhandel.: Sklaven aus den Kolonien in Afrika für die Arbeit auf den Baumwoll- und Kautschukplantagen in den englischen und portugiesischen Kolonien und in Amerika für Wirtschaft und technologische Entwicklung in Europa. Er erreichte seinen Höhepunkt in der zweiten Hälfte des 18. Jahrhunderts.

Die Ideen der frühen europäischen Aufklärer von Freiheit- Gleichheit und Brüderlichkeit erreichen Afrika nicht oder nicht wirkmächtig. Das Christentum, dessen Gründungsidee die Brüderlichkeit ist in den Kolonialstaaten Europas noch staatstragend, mit Ausnahme Frankreichs nach der Französischen Revolution. Seine Wirkungen währende der Kolonialzeit sind vielschichtig und widersprüchlich: es bestätigt zum einen den Überlegenheitsanspruch von Religion und Kolonialmacht; es vermittelt zum anderen ein religiös begründetes Gleichheitspostulat für die tatschlichen und Kraft ihres Menschseins potentiellen Mitglieder). Christliche Missionare fördern Zugang zu europäischer Bildung. Die Mehrzahl der politischen und intellektuellen Eliten Afrikas dürfte zum Zeitpunkt der Unabhängigkeit Schulen in der Trägerschaft christlicher Religionsgemeinschaften besucht haben.

Mbembe nimmt in unverkennbar dominikanischem Tenor (OP), zur Kritik der Auslöschung afrikanischer Kulturen durch christliche Missionierung eine kontrovers-differenzierte Position ein und beschreibt in seiner *Kritik der schwarzen Vernunft* eine „präkolonialen Moderne":

„Das Christentum führte keineswegs zu der von Theologen der Enkulturation befürchteten Auslöschung des eigenen Selbst; wurde auf den Kopf gestellt, zerlegt und anschließend mit der Maske und dem Trödel (bric-à-brac) der Vorfahren bekleidet. (..) Die Afrikaner schöpften daraus wie aus einem Spiegel ..(...) Ganz wie der Kolonialismus wird auch das Christentum nach Art einer Magie aufgenommen: als Verbindung von Schrecken und Verführung(...) Entscheidend für die Rezeption der Neger (nègre) ist aus dieser Sicht der Wunsch nach Souveränität..(...) Egal worum es geht: um den Islam , das Christentum, die Art sich zu kleiden – nichts von alledem hat letztlich die Dampfwalze der Hybridisierung und Trivialisierung unbeschadet überstanden .Und dies war schon lange vor der Kolonialzeit der Fall. Tatsächlich gibt es eine präkoloniale Moderne, die in der zeitgenössischen Kreativität Afrikas bislang nicht wahrgenommen und gewürdigt worden ist. (247)

Afrika kennt eine Vielzahl auf das Christentum sich berufender Sekten; ein eher pragmatischer Umgang mit der Dogmatik kirchlicher Institutionen, namentlich der r.k. fällt den Gliedkirchen Afrikas heute offenbar leichter als denen Europas und Nordamerikas. Afrika – es hat die im globalen Vergleich jüngste Bevölkerung mit prozentual größtem Bevölkerungswachstum - gilt heute als Hoffnungsträger und Zukunft der christlichen Kirchen, die in Europa und Nordamerika dramatisch an Mitgliedern und Einfluss verlieren. Für die Entwicklung der Gesellschaften des Westens und ihr normatives Selbstverständnis erscheint mir diese Orientierung bedeutsam.

Für die westliche Geschichte sieht Voegelin das entscheidende Ereignis im Widerstand der Kirche gegen die Vergeistigung durch die Mystik in der Generation nach Thomas. „Die Mystik hatte historisch „recht"; und in der Zurückweisung ihrer aletheia ist die Dogmatik zur doxa geworden." Die progressive Welt sei intellektuell bankrott, weil ohne die Empirie dieses „unsichtbaren Maßes der Intellekt keine Substanz habe, an der er abarbeiten könne. (248)

Aus gutem Grund, so Habermas, habe sich die säkulare Moderne vom Transzendenten abgewendet. „Aber die Vernunft würde mit dem Verschwinden jeden Gedankens, der das in der Welt Seiende im Ganzen transzendiert, verkümmern." (249)


Im Europa des 18. Jahrhunderts nimmt die Kritik an absolutistischer feudaler, monarchischer und kirchlicher Macht, Forderungen nach individuellen Freiheitsrechten zu. Renaissance und Wissenschaften haben einen säkularen Blick auf Natur und Mensch eröffnet, technologische Entwicklungen die Entdeckung ferner Kontinente ermöglicht– „welches ihnen mit dem *Erobern* derselben für einerlei gilt" (Kant, 250)

Der in den Kolonien gewonnene Reichtum stärkt imperiale Ansprüche der europäischen Seemächte; innereuropäische Kriegsführung und feudale Hofhaltung lassen weite Bevölkerungsteile – ländliche Bevölkerungen, aber auch Teile des aufstrebenden Bürgertums und des niederen Adels – verarmen.

Am Ende des 18. Jahrhunderts wird die Französische Revolution unter den Maximen von Liberté -Égalité-Fraternité das Feudalsystem in Frankreich blutig stürzen: ein Höhepunkt der europäischen Aufklärung – so von den frühen Aufklärern kaum intendiert - und zugleich ein Wendepunkt, aus dem in Kontinentaleuropa konstitutionelle Monarchien und bürgerliche Gesellschaften hervorgehen werden. Bürgerliche Freiheitsrechte werden nach und nach rechtlich verbrieft und institutionell verankert und im kreativen wie obstruktiven Spannungsverhältnis zur „Geldmacht" (Kant) stehen, der, wie Voltaire in seinem Bericht von der Londoner Börse feststellt, nur diejenigen als „Ungläubige" (infidèle) gelten, die „zahlungsunfähig sind". (251)

Zum Ende des Jahrhunderts wird „Rasse" als säkulares, vermeintlich naturwissenschaftlich begründetes Zuordnungskriterium für die Position des Menschen in Gesellschaft und Geschichte Religions- und politisch-soziale Gruppenzugehörigkeit    ablösen oder überlagern. „La raca" hatte im Spanien der Reconquista zum Christentum konvertierte Juden und Muslime mit ihnen zugeschriebenen physischen Merkmalen markiert, um durch Differenz die Privilegien der Christen zu wahren. Im späten 18.und 19. Jahrhundert bauen französische und deutsche Humananthropologen die Idee zur Theorie aus. Die Phantasmagorie von der „Rasse" wird die nachfolgenden Jahrhunderte prägen, in der Shoa ihren „logischen Höhepunkt" (Hannah Arendt, 55) finden und gegenwärtig unsere freiheitlichen Demokratien von innen bedrohen.

Was für Marx die Klassen seien für Hegel die Völker, schreibt Bertrand Russell 1945 in *A History of Western Philosophy* (252). Das Alpha und Omega des christlich-spätmittelterlichen Weltbilds ist bei Hegel der Weltgeist, der sich in der Geschichte realisiert. „Das Göttliche des Staates ist die Idee, wie sie auf Erden vorhanden ist." An der Spitze einer linearen Entwicklung sind Europa und der germanische Staat verortet, Indien und China als „vorgeschichtlich" und in der „Kindheit" der Welt, Afrika als „geschichtslos" und „in die schwarze Farbe der Nacht gehüllten Erdteil". (253)

„The sun may rise in the East but it sets in the West and it is from the West that the Owl of Minerva spreads its wings. (...) Of course, the countries of Africa and Latin America are from this point of view "off the map", so to speak", wie Joseph Prabhu nicht ohne Ironie bemerkt. (254)

Das wirkmächtige Narrativ wird die Wahrnehmung von Afrika in der Folgezeit verdunkeln und der Legitimierung nationalstaatlicher Größe der nachnapoleonischen Area, ihrer wirtschaftlichen und technologischen Entwicklung mittels menschlicher und materieller Ressourcen aus den Kolonien im 19. und 20. Jahrhundert, dem Anspruch auf europäische kulturelle Überlegenheit und politische Dominanz in der Welt dienen.

„Nothing obstructs enlightenment more than the Eurocentric construction of universal history directed by Hegel at the University of Berlin." (Christopher Britt, 255)


Gleichwohl sind Ideen der Aufklärung von individuellen Freiheitsrechten und Menschenrechten nicht untergegangen – „aufgehoben", um einen Begriff Hegels aufzugreifen, in gesellschaftlichen Entwicklungen und nationalem und internationalem Recht in Europa und Afrika, „in globalen Kommunikationsräumen über die Zeiten hinweg". (Wolfgang Schmale, 256)

Jaspers wird Mitte der 1950er Jahre, Hegels Eurozentrismus kritisierend, den Begriff der „Achsenzeit" aus der Aufklärung aufgreifen: Die Achse der Weltgeschichte, falls es sie gebe, wäre empirisch als ein Tatbestand zu finden, der als solcher für alle

Menschen, auch die Christen gültig sein könne. „Es handelt sich darum, wie uns die Einheit der Menschheit konkret werden kann." (257)

Es liege in der Logik des Achsenzeit-Theorems, argumentiert Wolfgang Schmale, die Aufklärung als solche zu verstehen, als einen „umfassenden lebenswissenschaftlichen Zugriff, der sich durch den globalen Kommunikationsraum manifestiert". (258)

Auf staatlicher Ebene werden nach zwei Weltkriegen und Shoa die Menschenrechte national, multinational und supranational institutionalisiert: 1950 verabschiedet der Europarat die *Konvention über die Menschenrechte* als rechtsverbindlichen Vertrag (EMRK); 1948 stimmt die GA der UN mehrheitlich für Res. 46, die *Universal Declaration of Human Rights;* 1949 verpflichtet Art 1 des GG der Bundesrepublik Deutschland alles staatliche Handeln auf Wahrung und Schutz der unantastbaren Würde des Menschen; EU verpflichtet sich 2009 zum Beitritt zur EMRK, 1963 OAU zur UN-Charter und wird 1981 Gruppenrechte neben individuellen und staatlichen Rechten in ihre *African Charter on Human and Peoples' Rights* aufnehmen und damit ,die spezifische Situation grenzüberschreitender sozialer Gruppen im postkolonialen Afrika im Blick, einen innovativen Beitrag ins Völkerrecht einbringen.

Nicht zu vergessen in diesem Kontext, aber kaum beachtet und gewürdigt: Soldaten aus den damaligen Kolonien – ca 2 Mill. im 1. und ca 12 Millionen im 2. Weltkrieg – und amerikanische Nachfahren afrikanischer Sklaven, die in beiden Weltkriegen in den Armeen ihrer Kolonialherren resp. in der US- Armee kämpften.

„Und das Blut meiner schwarzen Brüder, der Senegalschützen, von welchen jeder vergessene Tropfen ein Sporn aus Feuer ist in meiner Flanke. Tragischer Frühling! Blutiger Frühling! Afrika, dies deine Botschaft?" (Senghor, *Hosties noires*. 259)

Der Kampf gegen militärische Expansion des „Dritten Reichs" und seiner Verbündeten band die Ressourcen der West-Alliierten, namentlich Englands und Frankreichs, und hatte die Aufgabe ihrer Kolonien und Übergabe an die erstarkten Unabhängigkeitsbewegungen zur Folge.

In UN, EU und AU realisieren sich Ideen der Aufklärung des Zusammenschlusses von Staaten zum Zweck des Friedensgewinns. Abbé Saint-Pierres *Projet de la Paix Perpétuelle Pour L'Europe,* 1712 inmitten des spanischen Erbfolgekriegs für das monarchisch verfasste Europa entworfen, erscheint wie ein Vorläufer von Kants republikanischen globalen Entwurf *Zum ewigen Frieden. Königsberg 1795.* Frieden ist eine Aspiration der Aufklärer; für Hegel wird der Krieg ein Weg zu nationaler Stärke und dem Walten des Weltgeistes sein.

Kant sieht im Interesse das von der Natur angelegt Movens der Entwicklung zum Frieden. Interesse „rauf und runter" werden Horkheimer und Adorno kritisieren. Das Erwachen des Subjekts sei in der Aufklärung erkauft durch die Anerkennung der Macht als Prinzip aller Beziehungen. Die Frage nach Interessen - individuellem und nationalen - oder nach Verbindung als Konstitutive für Person und Gesellschaft führt zum aktuellen Diskurs um einen paradigmatischen Wechsel hin zu einer kommunikativen Vernunft, in der „der Purismus der reinen Vernunft nicht wieder aufersteht" (Jürgen Habermas, 260) und zurück zur Ausgangssituation der Aufklärung und ihren immanenten Widersprüchlichkeiten.

„Thou hast made him to have dominion over the works of thy hands; though hast put him all things under his feet" Joseph Prabhu, den Psalmisten zitierend, sieht das herrschaftliche Selbstverständnis des Menschen in der jüdisch-christlicher Tradition des Westens und stellt einen aus dem Madhyaminka-Buddhismus abgeleiteten Begriff gegenüber: „Inter-Being. „Ontologically speaking this is a significant set of ideas because it shifts the focus from entities to the relations that bring them into being and constitute them." (106, 261)

Von „Enaktivismus" spricht Humberto Maturana in *Biologie des Erkennens* (262); von „Interaktionismus" sprachen zuvor John C. Eccles, Neurologe, und Karl P. Popper, kritischer Rationalist. In der deutschen Übersetzung ihrer gemeinsamen Arbeit fehlt die 2. Hälfte des Titels aus dem Jahr 1977 *The Self and ist Brain- An Argument for Interactionism*. Sie sehen die Anerkennung eines *„mysterium tremendum* in der Existenz von allem"* als eine Notwendigkeit, „wenn wir zivilisierte Wesen sein sollen, die unserer Existenz ins Auge blicken." (263)


Die Vita Amos zu Beginn des 18. Jahrhunderts stand zwischen „kämpfenden Epochen" (Theodor W Adorno, 264). Seine erste, seine rechtswissenschaftliche Dissertation, hatte die Situation der Afrikaner seiner Zeit unter Römischem Recht behandelt. Nach Aussage Blumenthals – d e s Protagonisten der „Rasse"-Theorie- wurde Amo später zum Hofrath an den preußischen Hof berufen, jenes Hofs, der unter dem Einfluss Wilhelm von Humboldts jeder Sklave frei sein wird, sobald er preußisches Staatsgebiet betritt.


Amos zweite, seine philosophische Dissertation, diskutiert ein Thema, das Philosophie und Geschichte der folgenden Jahrhunderte prägen wird: Descartes Subjektphilosophie. Er diskutiert Descartes Erkenntnistheorie noch auf der Schwelle zwischen spätmittelalterlicher Scholastik und Aufklärung und verteidigt die Απαδεια der menschlichen Seele (anima) gegen cartesischen Dualismus:" Der Geist ruhig, aber der Körper leydet Schmerzen." Und: er anerkennt aber die Beteiligung des Körpers am Prozess des Erkennens.

Senghor wird Descartes' „Cogito, ergo sum" sein „Je danse, donc je suis" als spezifisch afrikanische, körperlich-seelische, rhythmische Welt- und Selbstwahrnehmung entgegenstellen; die Frage cartesischer Dualität stelle sich in den Kulturen Afrikas nicht. (265)

„ I am, because I belong, I participate, I share." Desmond Tutu betont die Interpersonalität der Ethik des Ubuntu. (266)

In einem Bantu-Idiom: „igba-agba", der Verbindungspunkt zwischen Entitäten und "izu", die Beziehung innerhalb eines Ganzen als Grundprinzip des _„Da-seins"_; die Grenze als Ort der Verbindung. (Ramose 93, 267) „Im Offenen Wohnen" von einer Vorstellungswelt des Orphischen". (Mbembe, 268)

Aber nicht-subjektzentrierte Philosophie, die Aspiration von Interpersonalität und „Inter-Being", hat ihren Platz auch in der Europäischen Aufklärung. Wilhelm von Humboldt unterscheidet die Pronomina „Ich" und „Du"- ein „Du", das kein „Er" mehr ist- als sprachliche Grundform dieser Interpersonalität: „Du" ist ein „Nicht-Ich (...) in der Sphäre (...) eines durch Einwirkung gemeinsamen Handelns." (269)

Die Aspiration hat ihren Platz auch und insbesondere in Literatur und Musik:

„So verständige, so  gute Menschen fingen wegen  gewisser

heimlicher Verschiedenheiten untereinander zu schweigen an. Jedes dachte seinem Recht und dem Unrecht des anderen nach (...) Hätte eine glückliche Vertrautheit sie früher wieder einander nähergebracht, wäre Liebe und Nachsicht wechselweise unter ihnen lebendig geworden und hätte ihre Herzen aufgeschlossen, vielleicht wäre unser Freund noch zu retten gewesen." (Goethe, *Die Leiden des jungen Werthers,* 1774, 270)

Im Nachspiel zu Mozarts Orchester scheine die entzweite Menschheit versöhnt, schrieb Adorno. Eine Humanität, „unverstümmelt von feudalem Zwang und geschützt vor bürgerliche Barbarei". (Adorno ‚271)

Die Aspiration wird reflektiert und hat ihren genuinen Ort in Literatur und Oral History Afrikas:

„Chaka: De fraternité sans égalité. J'ai voulu tous les hommes frères." (Senghor, *Éthiopiques* , 272)

"It seems to me that the Igbo (...) went out of their way to give the individual a cosmological head start in their creation stories." (Achebe, 273)


Die abendländische Philosophie habe von *dem* Menschen gesprochen und die Pluralität „nebenbei behandelt", schrieb Hannah Arendt in einem Brief an Karl Jaspers:

„Die abendländische Tradition krankt an dem Vorteil, dass das Böseste, was der Mensch tun kann, aus den Lastern der Selbstsucht stammt; während wir wissen, dass das Böseste oder das radikal Böse mit solchen menschlich begreifbaren, sündigen Motiven gar nichts mehr zu tun hat. Was das radikal Böse wirklich ist, weiß ich nicht, aber mir scheint, es hat irgendwie mit den folgenden Phänomenen zu tun:

Die Überflüssigmachung von Menschen als Menschen ((...)). Dies geschieht, sobald man unpredictability ausschaltet, der auf Seite des Menschen die Spontaneität entspricht. Dies alles wiederum entspringt oder besser hängt zusammen mit dem Wahn von einer Allmacht (nicht einfach Machtsucht) *des* Menschen. (...)

Nun habe ich den Verdacht, dass die Philosophie an dieser Bescherung nicht ganz unschuldig ist. Nicht natürlich in dem Sinne, dass Hitler etwas mit Plato zu hätte. (Ich habe mir nicht zuletzt solche Mühe gegeben, die Elemente der totalitären Regierungsformen herauszukriegen, um die abendländische Tradition von Plato bis Nietzsche inklusive von solchen Verdächten zu reinigen.) Aber wohl in dem Sinne, dass diese abendländische Philosophie nie einen ganz reinen Begriff des Politischen gehabt hat und auch nicht haben konnte, weil sie notgedrungen von *dem* Menschen sprach und die Tatsache der Pluralität nebenbei behandelte. Aber dies alles hätte ich nicht schreiben sollen, es ist ganz und gar unausgegoren. Verzeihen Sie. „ (Brief an Karl Jaspers, den 4. März 1951, in: *Wahrheit gibt es nur zu Zweien. Briefe an die Freunde.*274)

*Dialektik der Aufklärung:* Die Morallehre der Aufklärung zeuge, so Horkheimer und Adorno, von dem „hoffnungslosen Streben", an Stelle der geschwächten Religion einen intellektuellen Grund dafür zu finden, in der Gesellschaft auszuhalten, wenn das Interesse versage. Das Selbst, „weder Blut noch Seele und sogar natürliches Ich (...) zum transzendentalen logischen Subjekt sublimiert", bilde den Bezugspunkt der Vernunft (275)

Von einer „conditio nigra" spricht Mbembe in seiner *Kritik der schwarzen Vernunft*, von der Verwandlung des Menschen in belebte Dinge, digitale Daten und Codes, von *Entähnlichung* als genauem Gegenteil der Differenz.   Zum ersten Mal in der Geschichte der Menschheit   verweise der Name Neger nicht mehr nur auf afrikanische Menschen in der Epoche des Frühkapitalismus, jeglicher Möglichkeit der Selbstbestimmung, der Zukunft und der Zeit beraubt. „Um diese uns allen gemeinsame Welt zu schaffen, müssen wir jenen, die in der Geschichte einen Prozess der Verdinglichung erfahren haben, den ihnen geraubten Teil an Menschlichkeit zurückerstatten." (276)

Und Wilhelm von Humboldt zwei Jahrhunderte zuvor: „Wenn wir eine Idee beschreiben wollen, die durch die ganze Geschichte hindurch in immer erweiterter Geltung sichtbar ist (…) so ist es: die Idee der Menschheit, das Bestreben, die Grenzen, welche Vorteile und einseitige Ansichten aller Art feindselig zwischen die Menschen gestellt, aufzuheben" Es sei das „letzte Ziel der Geselligkeit" und die durch die Natur in den Menschen gelegte Richtung „auf unbestimmte Erweiterung seines Daseins." (277) Mbembe spricht vom „Im-Offenen-Wohnen" (278), Beck von einem kosmopolitischen Theoretisieren als „Raum der Positionen", in den andere historische Gesellschaftstheorien einfließen können (279)


Die Wahrnehmung über lange Zeiträume ins angeblich „unhistorische" Dunkel verdrängter afrikanischer und europäisch-afrikanischer Geschichte ist in diesem Prozess erhellend. Er erscheint als ein Kommunikationsraum über regionale und zeitliche Grenzen hinweg; in ihm begegnen sich Aspirationen wie Widersprüchlichkeiten der europäischen Aufklärung und afrikanisches Erbe; Ihre kritische Reflexion eröffnet eine zukunftweisende Perspektive für unser nicht mehr westlich-zentriertes globales Zusammenleben.

Die Aspirationen der Aufklärung werden sich nur realisieren, wenn es gelingt, ihre Postulate der Freiheit, Gleichheit und Geschwisterlichkeit miteinander in Einklang und zu allgemeiner, nicht länger selektiver Gültigkeit zu bringen. Die Versprechen freiheitlicher Demokratien in Europa und Afrika werden nur erfüllt werden können, wenn es gelingt, das Wohlstandsgefälle zwischen und innerhalb der Gesellschaften beider -nur durch eine Meerenge voneinander entfernten - Kontinente zu beheben.

Es gehe darum, wie das Zusammenleben konkret werde, schrieb Karl Jaspers am Beginn einer Neuordnung der Welt in der Mitte des 20. Jahrhunderts, am Ende einer langen europäischen Dominanz in der Welt.

Es geht kaum ein Jahrhundert später um nichts Geringeres als darum, den Menschen selbst als handelndes Subjekt, seine „Geselligkeit" (Wilhelm von Humboldt) und die Erde als „our common home" (Joseph Prabhu) zu wahren.

In diesem Prozess können Staaten und Gesellschaften Afrikas und Europas Partner sein, die Maximen der Freiheit, Gleichheit und endlich auch der Geschwisterlichkeit allgemein werden, unter der Perspektive des „Im-Offenen-Wohnens" (Mbembe) und der „unbestimmten Erweiterung des Daseins" (Wilhelm von Humboldt) zwischen kämpfenden Epochen Humanität nicht nur „flüchtig" (Adorno) aufgehen lassen.

## Epilog:
## Eine Begegnung über die Zeiten hinweg

Im Frühling 1945 begegnet ein alter Herr im Areal des Moulang -dem erwähnten Rokoko-Dörfchen im Bergpark des Schlosses Wilhelmshöhe und heutigem Unesco-Weltkulturerbe in Kassel - einem US-amerikanischen Panzer. Der alte Herr ist mit seiner Familie aus der zerbombten Altstadt hier herauf evakuiert worden, wo in den letzten Tagen des untergehenden „1000-jährigen Reichs" dessen Schergen wüten. Dem alten Herrn – geb. 1878, aus dem 1. Weltkrieg wegen Tapferkeit dekoriert und mit der entschiedenen Gewissheit, dass dies der letzte Krieg gewesen müsse, herausgekommen – ist der US-amerikanische Panzer willkommen.

Der stoppt. Heraus klettert ein Soldat afro-amerikanischer Herkunft und bietet dem alten Herrn eine Zigarette an: „You are slave – I am slave."

Ob Beiden die Geschichte des Orts und seiner vormals afrikanischen Bewohner in diesem Moment bewusst ist, ist nicht überliefert; der ihn nun vom Nazi-Terror befreien hilft wird seine Bürgerrechte in seiner amerikanischen Heimat erst einige Jahrzehnte später erhalten.

Dialektik der Geschichte?

DISSERTATIO INAVGVRALIS PHILOSOPHICA

DE

HVMANAE MENTIS

ΑΠΑΘΕΙΑ

SEC

SENSIONIS ACFACVLTATIS

SENTIENDI IN MENTE HVMANA

ABSENTIA

ET

ARVM IN CORPORE NOSTRO ORGA-

NICO AC VIVO PRAESENTIA

QVAM

*PRAESIDE*

O. MART. GOTTHELF

LOESCHERO

D. ET PHYS. PROF. PUBL. NEC NON SERENISS. DUCIS

SAXO. VINARIENSIS PHYS. PROVINCIAL.

PVBLICE DEFENDIT

ACTOR

179

ANTONIVS GVILIELMVS AMO

GVINEA-AFER

PHIL. ET AA. LL. MAGISTER. ET I. V. C.

IN AVDITORIO MAIORI

MDCCXXXIV. MENSE APRILE

VVITTBERGE AE OFFICINA SCHLOMACHIANA

DE

HVMANAE MENTIS απαδεια

DECLARATIONVM IDEARVM TAM A PARTES SVBIECTI

QUAM PRAEDICATI THESEOS,

CONSPECTUS.

A PARTE SVBIECTI.

I.

*QVid Spiritus in genere C. 1. m. 1. §. 1.*

*II. Quid mens humana in Specie ibid. §. 3*

A PARTE PRAEDICATI.

*I.Quid oppositum praedicati, nempe (α) quid sensio (β) quid facultas sientiendi? dl. m. II.*

II.Quid ipsum praedicatum nel απαδεια ibid. m. III.

III.Quid denique ipsa propositio, i.e. ipsa humanae mentis απαθεια?
   Hic fundamenti loco explicatis sequentur, status quaestionis et
   Theses.

I. Thesis negatiua: mens humana non sentis res materiales, cum debitis Probationibus.

II. Thesis altera negatiua: nec sentiendi facultas menti competit.

III. Thesis tertia affirmatiua, sed corpori nostro organico et uino, cum suis probationibus.

# CAP II

## CONTINENS DECLARATIONES IDEARVM IN

## THESI CONTENTARVM.

Praemonitum ad rubrum hujus disputationis.

Per humanae mentis απαθειαν intelligimus: absentiam sensionis et facultatis sentiendi in mente humana. Per ea qua dicuntur, cap. II. m. I. § I. etc.

## MEMBRUM I.

Continens declarationes idearum subiecti, sine de mente humana in genere et in specie.

*Nota ad rubrum huius membri. Quia mens humana subiectum quaestionis seu theseos est, operis ratin postulat, ut declaremus quidnam pereandem intelligamus, eum in finem ut positis ideis claris et distinctis felicius res Procedat.*

### § I.

### QVID SPIRITVS IN GENERE?

Mens humana in genere est Spirituum, ergo declaratio ne quadam opus est, quidnam per uocabulum seu denominationem *Spiritus* intelligamus; est autem nobis Spiritus. Quaeuis substantia mere actuosa, immaterialis, per se semper intelligens, suaque sponte ex intentione operans, propter destinatum et sibi conscium finem.

*Nota I.* Intelligere et sibi alicuius rei conscium fieri, sunt Synonyma.

*Nota II.* Per intentionem intelligimus; illam spiritus operationem, qua sibi aliquid notum facit, quo exercito finit consequatur.

*Nota III.* Finis est, quo adepto et praesente, spiritus a pristina sua operatione cessans adquiescit.


## EXPOSITIONES

### PRAECEDENTIS MOX DESCRIPTIONIS SPIRITVS.


*Expositio I.* Dico spiritum esse substantiam mere actuosam ‚quod idem acsi dicas: spiritus nullam in se admittit passionem.

Probationis huius expositionis.

Si spiritus sentire, uel in se passionem admittere, dicatur hoc fieri deberet aut per communicationem , aut penetrationem , aut denique per contactum.

*Nota I.* Per communicationem intelligo: Quando *Partes, proprietates et effectus* unius entis, mediante actu quodam, praesentes fiunt in alio ente analogo et apto.

*Exemplum.* Sic ignis suum calorem ferrp candenti, quin se ipsum communicare uidemus.

*Nota II. Per penetrationem* intelligo: Transitum unius entis per partes entis alterius mediante quodam actu.

*Nota III.* Quid contactus sit, ipsa sensio docet immediata; sed ne uerba sine ideis dicta uideantur; per contactum intelligimus: Quando duae superficies in puncto aliquo physico seu sensibili se mutuo tangunt.

APPLICATIONES

*Dico I.* Omnem spiritum esse extra omnem passionem.

*Ratio I.* Nullae partes, proprietates et effectus alterius entismedianteactu quodam in spiritu fieri possunt praesentes; alias spiritus aliud contineret in sua essentia et substantia, quam continere debet. Item, continere, et contineri sunt conceptus materiales, nec cum ueritate de spiritu praedicari possunt. Non igitur spiritus sentit per communicatonem i.e. eo modo quo partes, proprietates, et effectus entis materiales, in codem mediante aliquo actu praesentes fieri debent

*Ratio II.* Nullus spiritus per se et per accidens, recepit Partes, proprietates et effectus materiales et sensibiles, contrarie enim opponitur enti sensibili; sed inter contrarie opposita, nulla datur communicatio.

*Nota* ad hanc rationem , contrarie oppositae sunt res, quae ita comparatae sunt ut unius absentia alterius praesentiam, alterius praesentia prioris absentiam importet. v.c. Si aliquid est immateriale sequitur quod materiale esse nequeat: sunt enim contrarie opposita, nam praedicatum immaterialitatis excludit praedicatum materialitatis, quia praesentia immaterialitatis est. absentia materialitatis. item ubi adest spiritualitas ibi ab est materialitas et uice uersa.

*Dixi* quod spiritus non sentiat seu patiatur per communicationem ; Nunc

*Dico II.* Nullus spiritus sentit seu patitur per modum penetrationis, quia penetratio est: Transitus entis per partes entis alterius; sed nullus spiritus partibus Constitutiuis gaudet; Ergo; extra omnem passionem est, quatenus passio fit per modum penetrationis, siue per transitum per partes entis alterius.

*Dixit III.* Nec sentit seu patitur per contactum; Nam quidquid tangit et tangitur corpus est. uid. Dn. Des Cartes in Epistolis Part. III. Epist. 14. §.12. *verbis: primo tibi dicam etc.*Item contactus est quando duae superficies in puncto aliquo physico se mutuo tangunt, nec punctum sensibile, neque superficies de spiritu praedicari possunt, ergo neque passio, quatenus fieri debet per contactum.

*Expositio II.* Spiritus omnis per se semper intelligit. i.e. conscius est sibi sui, suarumque operationum, nec non aliarum rerum.

*Nota.* Quamuis ignorem illum modum, quo Deus et alii extra materiam spiritus, se, suas operationes aliasque res intelligunt, probabile tamen mihi non uidetur eos intelligere per ideas; eo modo quo idea est: operatio mentis nostraemomentanea, qua res antes sensibus et organis sensoriis perceptas, sibi repraesentat seu praesentes sistit. Carent enim Deus aliique spiritus extra materiam positi, sensionibus organisque sensoriis Corporeque uiuo etorganico. Item, in Deo non datur repraesentatio, nam alias daretur in Deo repraesentatio futuri, praeteriti et rei absentis; Atque in Deo non datur scientia praeteriti et futuri, necnon absentis; sed in cognitione eius omnia praesentia sunt, ergo nulla in eo datur repraesentatio; quia representatio supponit absentiam rei representande. Sequitur igitur exinde Deum aliosque spiritus se, suas operationes et alias res intelligere sine omni idealitate siueideis et sensionibus repetitis, sed mens nostra per ideas et intelligit et operatur, ob arctissimum cum corpore uinculum et commercium uid. Nobil. Dn. de BERGER *in Physiolog. Lib. I.c.1. pag. I. et 5.Dn. Des Cartes siue Cartesius in Epistolis, port. III. Epist. 115. Part. 1. Epist. 29. et 36.*

*Exposito III.* Omnis spiritus operatur sua sponte i.e. intrensece, suas operationes determinat ad finem consequendum, nec aliunde absolute cogitur ut operatur.

*Ratio.* Si spiritus aliunde cogatur hoc fieret aut cogente spirito alio, aut materia. Si spiritu alio, salua manet in uttoque spontaneitas seu

Libera agendi et reagendi facultas. Si a materia spiritus cogatur, hoc fieri nequit, quia spiritus semper est actosus, sed materia semper patiens quid, et omnem recipiens actionem in se agentis.

*Expositio IV.* Spiritus operatur ex intentione i.e. ex praecognitione rei quae fieri debet finisque quem sua operatione consequi intendit.

*Ratio.* In hoc enim consistit natura operationis, entis rationaliter et ex intelligentia operantis.

*Consectarium I.* Omnis causa efficiens debet intelligere in ipsum, suas operationes, et rem quae fieri debet.

*Consectarium II.* Omne ens actuosum in quo datur conscientia sui, suarum operationum et aliarum rerum, illud spiritus est.

*Expositio V.* Spiritus est immaterialis i.e. 'nihil materiale habet in sua essentia et proprietatibus.

*Ratio.* Contrarie oppositorum unum altreum continere et habere nequit; quia contrarie opposita ab inuicem excludunt, genus, speciem et eandem denominationem .

§ II.

Hactenus de Spiritu ea saltem egimus, quae nostro inseruiunt scopo, sequitur in sequente.

### § III.

### DESCRIPTIO MENTIS HVMANAE IN SPECIE.

Mens humana est: substantia mere actuosa et immaterialis , commercio corporis uiui et organici cui inest, Intelligens et ex intentione Operans Propter determinatum et sibi conscium finem.

*Nota I.* Commercium corporis et mentis consistit in his quod (1) corpore utatur pro subiecto cui inest (2) Pro instrumento suae operationis et medio.

*Nota II.* Instrumentum et medium in hoc differunt; instrumentum adplicatur ad finem practice, et medium adhibetur ad finem Theoretice consequendum.

*Nota III.* Duae dantur partes essentiales hominis mens et corpus, de mente dictum est, ad corpus quod adtinet est: elegantissimum diuersis organis uitalibus et animalibus a creatore primum fabrefactum , et dehinc quoque per generationem propagatum. Sunt uerba D. CHRISTIAN VATER *in sua physiolog. Sect. IIX. C. III. de corpore humano Th. I.*

§ *IV.*

CONTINENS VARIAS SPIRITVVM DENOMINATIONES.

Spirituum nomine ueniunt (1) materia (2) spiritus proprie sic dictus. Spiritus materiales sunt antiquis spiritus naturales, uitales, et animales de quibus uide SENERT. *In scient. natural. Lib. IIX. cap. II* de corpore humano. pag. m. 671. Spiritus proprie sic dictus est omne ens immateriale intelligens et ex intentione operans propter determinatum et sibi cognitum finem. de quo in antecedentibus et JOH.CLERIC. *in Pneumatologia Sect. III.c. 3. §. 14.* aliique. uarias fortiontur denominationes, uocantur enim Intelligentiae, mentes, animae et generaliori uocabulo spiritus intelligentes.

*Nota I.* Intelligentiae et mentes differunt per accidens, non per se. Mentes dicuntur: spiritus hominum adhuc in suis corporibus uel ab eisdem superstites et separatae. v. c. mentes beatorum et damnatorum. uocantur etiam, umbrae et animae.de his Propertibus:

Sunt aliquid manes, lethum non omnia finit. vid.Mizald. in appendic. ad. centurias. memorabil. Aph. 290.

*Nota II.* Neque desunt qui nomine animae tertiam quandam hominis partem essentialem intelligunt & sibi fingunt, quam litem nostam non facimus vid. S.C. Teuber D. in moderato Iudicio de questione theologica an tres dentur partes hominis essentiales. Haec circasubiectum theseos, sequitur

## MEMBRVM II.

Continens declarationes idearum a parte praedicati et

in specie

DE

OPPOSITIS PRAEDICATI SENSIONE ET FACVLTATE

SENTIENDI.

*Praemonitum.* Omnis propositio uti in Scholis notum, affirmatiua est uel negatiua. affirmatiua quando praesentia, negatiua, quando absentia praedicati in subiecto indicatur; Vtrumque sit aut simpliciter aut secundum quid. simpliciter uel secundum se adfirmatur, quando totiuspraedicati praesentia sine omni limitatione   seu exceptione in subiecto   indicatur. v. c. omnis spiritus intelligit. Secundum quid adfirmamus, quando iudicamus paedicatum quoad partem subiecto inesse. v. c. homo est mortalis, nempe quoad corpus, non quoad mentem. vid. Math. X,28. eadem est ratio negandi, simpliciter negamus quando totum praedicatum cum suis partibus a subiecto remouemus, partim seu secundum quid, quando partem saltem praedicati a subiecto remouemus: in hac nostra thesi totum praedicatum bimembre a subiecto toto remouemus, scilicet sensionem et facultatem sentiendi. Sed quia aliquid ab alio remoueri dicimus, declarandum est id, quad ab alio tanquam subiecto non capace remouetur i.e. quid sensio, et facultas sentiendi.

187

# § I.

## QVID SENSIO SIT EXPICATVR.

Sensio est in genere: rerum immediate praesentium et materialu,proprietatibus sensibilibus realiter offici per organa sensosoria.

*Not. I.* Sensio consideratur ® uel logice uel physice. Logice omnis sensio est uel mediata uel immediata. Illam ideam uocant, haec in mox sequentibus clarebit. Physice omnis sensio est uel grata uel ingrata, utraque est uel interna uel externa quibus de rebus in logicis nostris.

*Nota II.* Sensiones internae sunt animi pathemata seu adfectus de quibus vid. Dn. Des Cartes in Tract. de passionib. anim. *Nota III.* Sensatio, sensius, et sensio, mihi sunt synonyma.

## §. II.

## FACVLTAS SENTIENDI QVID.

Hid praemissis facile describitur facultas sentiendi, nembe quod sit: Organici et vivi nostri corporis talis dispositio, qua mediante animal rebus materialibus et sensibilibus eisque immediate praesentibus afficitur.

*Nota.* Hanc facultatem sentiendi antiqui uocarunt animam sensituam differte distinctam abanima rationali et vegetante, de quibus vid, Senert. in Epitom.

Scient. Natur. de rationali Lib. IIX. c. I. de vegetativa. Lib. VI. c. 2. item Essais de physique I. partie, Chap. IIX. des sensations pag. m. 103. *Les animaux sont donc composez de corps et d'ame sensitiue qui est leur forme, mais aux hommes, cette ame sensitiue est subordinée à l'ame immortelle, et etant une substance moyenne entre le corps et cette ame immortelle, elle les unit parfaite ment ζc.*

## MEMBRVM. III.

Continens descriptionem της απαδειας seu praedicati The.

### §. I.

Απαδεια consideramus (1) respecta facultatis sentiendi (2) in ipsius sensionis. de illa in praesenti agendum, de altera in sequence. §. 3.

*Nota.*Praedicatum huius Theseos est bimembre, quid duplicem continet ideam, facultatis sentiendi et sensionis, in subiecto non apto absentiam.

### §.II.

Απαδεια respectu facultatis sentiendi quid sit.

Απαδεια respectu facultatis sentiendi est Absentia talis disposotionis in subiecto non apto , qua mediante animal rebus sensilibus , et immediate praesentibus necnon materialibus affici debet,

*Expositio unica.* Subiectum non capax seu non aptum est: Ens quod alterius entis Partes , proprietates, et effectus in se non admittit, eorum nec particeps fieri potest. Tale subiectum est uel spiritus uel materia. de spiritu sensionis incapace dictum est in membr. I. C. I. *Cum suis expositionibus et earum adplicationibus.*

Ratione materiae distinguendum inter corpus uivum et unita priuatum; illud utique, hoc minime mediante sua dispositione sensione afficitur.

### §3

Απαδεια respectu sensionis.

Sequitur ex ordine απαδεια respectu sensionis quae est : cuius uis sensionis in subiecto non apto (non sentiente) absentia. v. gr. Spiritus, lapis & c.

## §. IV.

### Quid απαδεια mentis humanae.

His explicatis tandem quaeritur quid per ipsam thesin i.e. humanae mentis απαδειαν intelligamus, nempe: absentiam fecultatis sentiendi sensionumque immediatarum in mente humana.

# CAP. II.

## CONTINENS APPLICATIONES EORVM QVAE

### IN ANTECEDENTIBUS LATE DEDVXIMUS.

### Status controuersiae.

Homo res materiales sentit non quoad mentem sed quoad corpus uiuum et organicum. Haec dicuntur et defenduntur Contra Cartesium eiusque sententiam in Epistol. Part. I. Epist. XXIX. ubi ita habet: Nam cum duo sint in anima humana, ex quibus pendet tota cognitio, quam de eius natura habere possumus, quorum unum est quod cogitet, alterum quod unita corpori possit cum illo *agere* et *Pati.*

Ad quae uerba ita monemus et dissentimus; mentem cum corpore mediante mutua unione agere, concedimus; Sed cum corpore pati negamus.

*Nota. pati et* sentire in rebus uiuis synt Synonima. in rebus uero uita priuatis sentire est; mutationes aliunde uenientes quoad quantitatem et qualitatem in se admittere, i.e. aliunde modificari et determinari.

*Monitum I.* Sed ipse aparte contrarium dicit. *Loc. cit. part I. Epistol. 99.* in examine programmat, praeced. ubi naturam animae in sola facultate cogitandi ponit; atqui cogitare est actio mentis, non passio.

*Contra Senert.*in Scient. *natur. Lib. IIX. c. I.* de anima rationali ubi: et si uero anima humana, omnibus facultatibus quas hactenus animae uegetanti et sentienti tribuismus, pollet: tamen duas & c. item *Lib. VII. C. I. p. m. 562.* de anima sentiente: *Sentire enim est opus animae.*

*Monitum II.*Sed sibi contrarium statuit *dl. p.m.563.*uerbis: recipere speciem sensibilem est organi; receptum iudicare est animae, recipere specie sensibilem est sentire, atqui hoc competit organo, per consequens et corpori, nam organcompetunt non menti sed corpori. Item sentire et iudicare ipse distinguit , illud organis, hoc menti tribuens.

*Item contra Ioh. Clercic. lib. IV.* physicor. de Plantis et animalibus C.X. de animalium sensib. et motib. §2.

*Monitum III.* Sed ipse sibi contradicit *dl. §3.* subsequente. Vbi ait tria esse distinguenda (1) actio obiecti in organa (2) organi passio et (3) inquit: moto organo, percellitur mens, *sentique* mens corpus suum affectum fuisse. Si enim mens sentiret, oportuit ita eum dixisse: Sentique mens se adfectum fuisse; Nam si sentit mens corpus adfectum fuisse, sentit seu potius intellegit se ipsam non esse adfectum . Sed confundit actum intelligendi et negotium sentiendi: *idemque est ac si dixisset : Intelligitque mens corpus suum esse affectum.*

Item contra.
GEORG DANIEL COSCHWITZ in organism. et Mechanism. S. I. C. VIII. Th. 3 Contraque alios complures.
Sentiunt nobiscum Aristotel. Lib. II. de generat. et corrupt. c. 9. p.m. 49. Πης μεν γαρ υλης το πασχειν ιςι χ το καειδη etc. <u>Io. FRID. TEICHMEYER</u>. in: Element.Philos.nat.experiment. C. III. de princip.physic.p. m. 18 uerbis: per sensum intelligimus etc. Io. CHRISTOPHOR. STVRM. in Physic. Hypoth. Lib. I. Seu part. General. Sect. I. C. II. in V. Epilog. Item dl pag. III. 232 et qui sequuntur ibidem.

## MEMBRUM VUNICV

### §. I.

Thesis I. negatiuva.

Mens humana non rebus sensibilibus afficitur.

*Expositio:* Thesis idem innuit ac si dicas mens humana rebus sensibilibus afficitur, quamuis suo corpori cui inest proxime praesentibus; Sed sensiones in copore ortas, intelligit, et intellectas in suas adhibet operationes. uid. Essais de physique chapitre. IIX. p. 107.

*Nota.* In homine logice considerato confundenda non sunt *Mens, menti operatio, idea* et sensio immediata; mens et eius operatio immateriales sunt; nam qualis substantia talis substantiae proprietas atqui mens est immaterialis per ea quae diximus Cap. I. m. I. §. I. etc. ergo et sua proprietas. Idea est ens compositum; est enim quando mens sensionem in corpore praeexistentem , sibi praesentem sistit, estque sensio repraesentata, quid in immediata sensio sit *uid. Cap. I. m. 2. §. I.* cum notis subiectis.

*Probatio Theseos I.* Quidquid sentit, illud uiuit, quidquid uiuit nutritur, quidquid uiuit et nutritur augmentatur, quidquid huius modi est, tandem in sua Prima principia resoluitur, quidquid in sua prima principia resoluitur, est principiatum, omne principiatum habet sua spartes constitutiuas, quidquid eius modi est, est corpus diuisibile si igitur mens humana sentit, sequitur quod sit corpus diuisibile.

*Probatio Theseos II.* Nullus spiritus res materiales sentit; atqui mens humana est Spiritus ergo res materiales non sentit.
Maior probatur Cap. I. m.I. §.I. exposit. I. cum notis et applicationib Subiectis. minor nullam admitti contradictionem.

*Nota II.* Synonyma non sunt *vivere et existere.* Omne quod viv existit, sed non omne existens vivit, spiritus enim et lapis existunt, sed minus recte vivere dicuntur. spiritus enim existit, et operatur cum intelligentia, materia existit, et actionem agentis recipit. sed homo et anima existum agunt, vivunt et sentient.

*Probatio Theseos III.* Non timeatis, ait Salvator noster, ab occidentibus corpus, qui tamen animam occidere non possunt Math. X. 28. exinde ita: Quidquid occiditur et occidi potest, illud vivere necesse est. (Nam occidi est; aliunde per violentiam vita privari ) si igitur corpus occiditur et occidi potest, sequitur quod vivat, si vivit sentit, si sentit, sequitur quod facultate sentiendi gaudeat. vivere enim et sentire sunt per perpetuo in eodm subiecto et pricipio coniuncta.

*Nota.* Consentiut mediocorum chorus aliique sententia est sensionem fieri in succo et genere neruoso, qui succus nerveus antiquis spiritus animalis vid. Illustr.

Dn. de BERGER in Physiolog. Lib. I. de natura human. c. XXI. de secret. motuque succi nervos. p. 277. item Excellentiss. Dn. meus praeses in physic. sua experim. compendios. edit. II. C. V. Q. XXV. *Essais de Physique I.* partie chap. 2. pag. m. 671.

*Exemplum.* Eximit huc facit effatum Friderici sapienti principis Electoris gloriasissemae memoriae Academiae nostrae quae hic Wittenbergae uiget conditoris munificentissimi; qui ia etremo uitae halitu constitutes interrogatusque quomodo haberet? respondit: corpus suos pati dolores, sed mentem esse tranquillam; welcher auf dem Tod-Bett gefragt wurde/ wie er sich befände? Antwortete er: Der Geist ist ruhig aber der Leib leydet Schmerzen. vid Brückner in Sächsischen Helden Saal/ in vita Friedrichs des weisen/vierdten Churfürsten zu Sachsen Meißnischer Linie.

## § II.

*Thesis II.* Nec facultas sentiendi menti inest


*Probatio.* Cui competit circulatio sanguinis, illi et competit principium vitae; cui hoc competit, illi etiam facultas sentiendi; Atqui circulatio sanguinis, & vitae princupium corpori competunt vid. Illustr. DN. De Berger dl. c. V. in fin. p. 112. ibid. p. 56. Item excellentiss. DN. Meu Praeses. cit. loc. C.V.Q.XII. Christian. Vater. in Physiolog. §. IV. c. 2. De vita et nutritione th. I. in fin. Item diserte distinguit sacer codex την ψυχην απο του πενευηαυος vid Job, XII. v. 10 ubi septuaginta viri: Ει εν χειρι αυτου ψυχην παντων των ζωντων και πνευηα παντος ανδρωου. Ita

D.𝕷utherus daß in seiner 𝕳and ist die Seele alles des/das da lebet/ und der Geist alles 𝕵leisches eines jeglichen. Item vocabulum της ψυχης indicat principum vitae animalum Gen. I. v. 14. Ibid. cap. IXcarnem in sanguine animae non comedite! vc. v. 4. τηςψυχης 𝕬llein esset das 𝕵leisch nicht/ so noch lebet in seinem 𝕭lute. Ibid τηρ ψυχην του ανθρωπου reddidit D. Lutherus 𝕯es 𝕸enschen 𝕷eben. Item Proverb. 4. Omni custodia serva cor tuum, quia ex ipso vita procedit, atqui cor cum circulo suo sanguinis ad corpus referetur. Porro Levit. 17. Vita omnis est in sanguine; sed sanguis referetur ad corpus, adde Essais de physique I. partie chpitr. IIX. des sensations p. 102 & 103. Haec cum ita sint, sequitur, quod principium vitae cum facultate sentiendi non memti; sed corpore competant.

## § III.

*Thesis III:* Ergo sensio et facultas sentiendi corpori competunt.
*Probatio.* Sensio est facultas sentiendi aut menti competunt, aut corpori, non menti, per late jam deducta. Ergo corpori, vid. probationes thes. I.

*Nota finalis.* Finis hujus dissertationes conscribendae, contrariaefuerunt sententiae quas vide cap. II. in formatione quaestionis. Item ne confudamus ea quae corpori et menti diverso respectu, conveniunt. Quidquid enim in mera mentis operatione constitit, illud soli menti, quidquid vero sensionem , facultatemque sentiendi supponit, conceptumque involuit materiale, illud corpori omnino tribuendum est. TANTUM

Quelle: Digitalisierte Sammlung der Staatsbibliothek zu Berlin (234)

# „RECTOR

ET CONSILIVM ACADEMIAE

VITEMBERGENSIS PVBLICVM

Lectori  Benevolo

S.P.D.

MAgna quondam Africae dignitas fuit, sive ingenia, sive literarum studia, sive ipsum Religionis tuendae institutum, spectentur. Nam complures tulit viros  praestantissimos, quorum ingeniis ac studiis nihilo magis humana sapientia , quam diuina est instituta. D.Terentio, Carthaginensi, nihil olim, nihil nostra memoria, vel prudentius, in vita civili, vel elegantius,iudicatum est. Plato autem in Socratis Apuleii, Madaurensis, sermonibus, reviviscere visus, tanto quidem superiorum saeculorum studio, ut, eruditis in partes distractis, Apuleiani existerent, qui cum Ciceronianis de pricipatu eloquentiae, contendere auderent. At e christiana Disciplina, quanti in Africa viri prodierunt. Epotioribus, satis est, referri,Tertulianum, Cyprianum, Arnobium, Optatum Milevitatum, Augustinum, quorum sanctitas animi cum omnis generis scientia certat. Quanta denique fide, atque Constantia pro sacrorum integritate propagaverint Afri Doctores , horum monimenta, acta, Martyria, Concilia, loquuntur. Ecclesiae enim Africanae iniuriam faciunt, qui eam semper consensisse, tradunt. Etsi vero magnis Arabum viribus in Africam ,effusis,magna rerum commutatio facta est , multum tamen abfuit, ut eorum Dominatu , omne vel ingeniorum , vel literarum, lumen extingueretur. Huius enim gentis, ad quam literae commigrasse videbantur, instituto, liberalis scientia colebatur, et, Mauris ex Africa in Hispaniam transgressis, veteres scriptores, simul apportati, literarum cultui, e tenebris erui caepto, multum adiumenti attulerent. *Sic* habuerunt literae, quodtam antiquioris aevi, Africae

196

acceptum referrent. Nostra quidem memoriae haec terrarum pars aliarum rerum, quam studiorum, feracior narratur, eam tamen ingeniorum haud effoetam esse, vel hic suo doceat exemplo, sapientiae ac liberalium artium Magister clarissimus.

# ANTONIVS GVILIELMVS AMO

## GVINEA-AFER

Natus in ultimo Africae, qua spectat in Orientem, recessu, perparvalus venit in Europeam, sacris initiatus est Halis Juliis, tantaque serenissimorum principum, ac Ducum, Brunsvigo-Guelferbytanorum, AVGUSTI VILHELMI ac LVDOVICI CI RVDPHI, clementia Usus,ut, in sui educandi cura, nullum paternae caritatis munus desideraret. Probata ingenii docilitate, commeavit Halas Saxonicas, et, varia eruditus doctrina, ad nos adiit, continuatoque diligentiae Curriculo, adei sibi Ordinem sapientum concilivit, ut, cunctis patrum suffragiis, Philosophiae laurea ornaretur. Honorem, meritis ingenii partum, insigni Probibatis, industriae, eruditionis, quam publicis, privatisque exercitationibus declaravit, laude auxit. *Sic* se gerendo, apud optimum quemque ac doctissimum, multum gratiae iniit. Inter aequales facile eluxit. Horum igitur studiis cultus atque excitatus, compluribus philosophiam domi tradidit, excussis tam veterum, quam novorum, placitis, optima quaeque selegit, selecta enucleate,ac dilucide interpretatus est. Ea vero res tantam ingenii, quantam docendi, facultatem demonstravit, nec ineptam se praebuit ad docendi munus quo, naturali quodam instinctu, trahitur, aliquando in Academia administrandum. Itaque, cum expectationem sustinuerit nostram, nihil causae fuit, quare eum publico, quod petit, uidicii nostri testimonio defraudaremus. Nos vero de illo optima quaeque speramus, eumque Principali gratia, quam pie veneratur, quam omni sermone praedicat, Dignum putamus. Qua quidemfortuna, ut diu frui possit, suaque speifructum consequatur amplissimum, pro salute optimi maximique Principis, LUDOVICI RUDOPLI pro incolumitate totius Domus Brunsuigo-Guelferbytanae, tot tantisque in omnem Germaniam meritis inclutae, Deum comprecamur. Publice scriptum, et impresso Academiae sigillo, munitum IX. Calendas Junias MDCCXXXIII.

JOHANNES GODOFREDVS KRAVS D.

H.T. ACTAD. RECTOR

CLARISSIMO DISSERTATIONIS

HVIVS AVTORI

S.P.D.

PRAES.

Africam & ejusdem longissime e nobis dissitam regionem Guineam , olim ora aurea, ob copiosissimum auri proventum ab Europaeis appelatam, quam Patriam a nobis, & in qua primum aspexisti lucem, Matrem non tantum multorum bonorum et Thesaurorum Naturae , verum etiam ingeniorum felicissimorum non immerito depraedicamus . Inter quae Tuum potissimum eminet, VIR Nobilissime atque clarissime, utpote qui istius felicitatem atque praesentiam, eruditionis ac doctrinae soliditatem et elegantiam, multis Speciminibus hactenus in nostra etiam Academia magno cum applausu omnibus bonis, et in praesenti Dissertatione egregie comprobasti. Reddo Tibi illam proprio marte eleganter et erudite elaboratam, integram adhuc et plane immutatam, ut vis ingenii Tui eo magis exinde elucescat. Quod reliquum est, ego Tibi de egregio hoc elegantioris eruditionis Tuae Specimine ex animo gratulator atque Fausta cuncta, prolixiori cordis affectu, quam verbis ap precor,& Gratiae Divinae ac Celsissimi et Optimi Principis

### LVDOVICI RVDOLPHI

PRO CUJUS SALUTE AC INCOLUMITATE, MAJESTATEM DIVINAM

ADORARE NUNQUAM DEFATIGABOR, TE DEVOTISSIME PARITER AC

HUMMILIMME COMMENDO, DABAM VITEMBERGE IN

SAXONIBUS, MENSE APRILIS, A. O. R.

MDCCXXXIX.

Quelle: Stephen Menn & Justin E.H. Smith, eds. 2022, Anton Wilhelm Amo's Philosophical Dissertations on Mind and Body. (235)

# Notes

1 Theodor W. Adorno, *Huldigung an Zerlina.*in: *Moments musicaux.* Edition Suhrkamp, Ffm 1964, pp 37-39

2 AT Jesaja 65:25

3 Immanuel Kant, *Beantwortung der Frage: Was ist Aufklärung? Königsberg in Preußen, den 30. Septemb 1784.* AA VIII

4 Max Horkheimer und Theodor W. Adorno, *Dialektik der Aufklärung.* Los Angeles, 1944/1947, Neuausgabe Fischer 1969, zitiert nach Fischer TB 2020, p 9

5 Olaudah Equiano, *Merkwürdige Lebensgeschichte des Sklaven Olaudah Equiano von ihm selbst veröffentlicht im Jahre 1789.* Insel Verlag 1990 (Original: *The Interesting Narrative of the Life of Olaudah Equiano or Gustavo Vassa, The African, Written by Himself 1789.* Authoritative Text ed. Werner Sellors, Norton Comp. N.Y. –London 2001)

6 Georg Wilhelm Friedrich Hegel, *Vorlesung über die Philosophie der Geschichte. Einleitung, Geographische Grundlage der Weltgeschichte, Afrika.* pp 113 ff, Berlin 1818. Verlag von Duncker und Humblot, Berlin 1848

7 Eric Voegelin, *The History of Race. From Ray to Carus.* Coll. Works, Vol. 3, Louisiana University Press 1988, pp 73-79 (Original: *Die Rassenidee in der Geistesgeschichte von Ray bis Carus.* Berlin, Junker und Dünnhaupt 1933)

8 Jürgen Habermas, *Ein anderer Ausweg aus der Subjektphilosophie.* In: *Der philosophische Diskurs der Moderne.* Zwölf Vorlesungen. XI Vorlesung. Suhrkamp 1985, pp 344 ff

9 Immanuel Kant, *Beantwortung der Frage: Was ist Aufklärung?* Ibid

10 Achille Mbembe, *Kritik der schwarzen Vernunft.* Suhrkamp Verlag Frankfurt am Main 2019, 3. Aufl. p 324 (Original: Critique de la raison nègre. Éditions La Découverte. 2013)

11 Wilhelm von Humboldt, zitiert nach Herbert Scurla, *Wilhelm von Humboldt. Werden und Wirken.* Claassen Düsseldorf 1976, p 611

12 ders. *Über den Dualis. 26. April 1827.* GS VI, pp 121-122

13 Ogobe Bernard Ramose, *Den Kosmopolitismus transzendieren.* In: F. Dübgen und St. Skupien (Hg.) *Afrikanische politische Philosophie.* Suhrkamp TB Wissenschaft 2018, pp 345 ff

14 Joseph Prabhu, *Inter-Being: Humanity in an Ecological Age.* Konferenzpapier: *Humanity: An Endangered Idea?* Claremont Graduate University, February 21-23, 2018

15 Jürgen Habermas, *Auch eine Geschichte der Philosophie.* Suhrkamp 2019, Bd. 2, p 793

16 Hubert Ivo, *Muttersprache, Identität, Nation. Sprachliche Bildung im Spannungsfeld zwischen einheimisch und fremd.* Westdeutscher Verlag Opladen 1994, p 20

17 Ogobe Bernard Ramose, ibid

18 Joseph Prabhu, *Inter-Being: Humanity in an Ecological Age.* Ibid

19 Karl R. Popper und John C. Eccles, *Das Ich und sein Gehirn.* Piper Verlag München 1987, p 662 (Original: *The Self and its Brain- An Argument for Interactionism.* Springer 1977)

20 Max Horkheimer und Theodor W. Adorno, *Dialektik der Aufklärung.* Ibid Vorwort zur Neuauflage p 1

21 Achille Mbembe, *Kritik der schwarzen Vernunft.* Suhrkamp Verlag 3. Aufl. 2019, p 324 (Original: *Critique de la raison nègre.* Édition la Découverte 2013)

22 Johan Huizinga, *Homo ludens. Vom Ursprung der Kultur im Spiel.* Leiden 1938/ Rowohlt 1958. Zitiert aus: Rowohlt TB 1987, pp 9, 231

23 zitiert nach: Burchard Brentjes, *Anton Wilhlem Amo. Der Schwarze Philosoph in Halle.* Koehler & Amelang Verlag Leipzig 1976, pp 107 ff

24 Anton Wilhelm Amo, *Tractatus de arte sobrie et accurate philosophandi. 1738 (Traktat über die Kunst des richtigen Philosophierens)* , zitiert nach: Driss Gharmoul, *Anton Wilhelm Amo. Pou tun universalisme réconcilié.* Harmattan, Paris 2011, p 116

25 Immanuel Kant, *Zum ewigen Frieden. Königsberg 1795.* AA VIII: 341-386

26 Hubert Ivo, *Muttersprache, Identität, Nation. Sprachliche Bildung im Spannungsfeld zwischen einheimisch und fremd.* Ibid

27 Wilhelm von Humboldt, *Über den Dualis.* ibid

28 David Henrij Gallandat 1752, zitiert nach: Burchard Brentjes, *Anton Wilhelm Amo. Der schwarze Philosoph in Halle*, ibid p 116

29 Anton Wilhelm Amo, zitiert aus Driss Gharmoul, *Anton Wilhelm Amo. Pour un universalisme réconcilié.* ibid p 116

30 Ottmar Ette, *Anton Wilhelm Amo: philosophieren ohne festen Wohnsitz. Aufklärung zwischen Europa und Afrika.* Kadmos Verlag Berlin 2014; Burchard Brentjes, ibid pp 107 ff

31 Daniel Dauvois, *Anton Wilhelm Amo: une philosophie de l'implicité.* Présence Africaine Éditions, Paris 2020; Stefan Knauß, *Auf den Spuren Wilhelm Amos: Philosophie und der Ruf nach Interkulturalität.* Verlag transcript Bielefeld 2021; Justin E.H. Smith, *Amos Feind.* in: *The Faculty of Sensing. Thinking With, Through and By Anton Wilhelm Amo.* Mousse Publishing, Kunstverein Braunschweig 2021, pp 119-129

32 Hierzu: Justin E. H. Smith, *Amos Feind.* Ibid. pp 119-129; Eric Voegelin, *The History of the Race Idea. From Ray to Carus.* Ibid

33 Monika Firla, *Ein Jenaer Stammbucheintrag des schwarzen Philosophen Anton Wilhelm Amo aus dem Jahr 1746.* AfriTÜDe Geschichtswerkstatt 2012, 44

34 David Henrij Gallandat, zitiert aus: Burchard Brentjes , *Anton Wilhelm Amo. Der schwarze Philosoph in Halle.* Ibid

35 Kwame Nkrumah, *Sprung über zwei Jahrtausende: unser Weg in die Freiheit.* In: Burchard Brentjes, *Anton Wilhelm Amo. Der schwarze Philosoph in Halle.* ibid

36 Justin E.H. Smith, 2021, *Amos Feind.* Amos. ibid

37 David Henrij Gallandat, zitiert nach Burchard Brentjes , ibid

38 Ottmar Ette, *Anton Wilhelm Amo: philosophieren ohne festen Wohnsitz.* Ibid p 19

39 *Seloua Luste Boulbina,Das Ende der Welt. Ein Grabmal für Amo.* in: *The Faculty of Sensing.Thinking With,Through And By Anton Wilhelm Amo.* Kunstverein Braunschweig 2021, pp 101 - 117; Website Kassel-Wilhelmshöhe: *Das "chinesische Dorf" Moulang.* https://kassel-wilhelmshoehe.de; Wolfram Schäfer, *Kammermohren, „Mohren" – Tambouren und „Ost-Indianer".* in: Hessische Blätter für Volks- und Kulturforschung. Bd. 23 *Fremdsein,* 24.07.2020

40 Ottmar Ette, *Anton Wilhelm Amo: philosophieren ohne festen Wohnsitz.* Ibid p 19

41 John V. Fleming, *The dark side of Enlightenment: wizards, alchemists, and spiritual seekers in the age of reason.* Norton Verlag New York 2013; Annette Meyer, *Die Epoche der Aufklärung.* De Gruyter, Berlin 2018; Monika Neugebauer-Wölk, *Aufklärung und Esoterik: Wege in die Moderne.* Verlag De Gruyter Berlin 2013; Justin E.H. Smith, *Irrationality: a history of the dark side of reason.* Princeton University Press 2019

42 Voltaire, *Candide oder der Optimismus. 1758.* Zitiert nach: Insel TB 1972, pp 104-105

43 Gotthold Ephraim Lessing, Werke in 3 Bänden, Carl Hanser Verlag München-Wien 1982, Bd 1, p 146

44 Alain Goesh, *Aufklärung und Barbaren.* In: Le monde diplomatique, 09.05.2008

45 Immanuel Kant, *Zum ewigen Frieden. Königsberg 1975.* AA VIII: 341-386

46 Pierre Poivre, *Reisen eines Philosophen 1768.* Jan Thorbecke Verlag Sigmaringen 1997, pp 212-213

47 Jean Jacques Rousseau, *Vom Geselligkeitszustand des*

Menschengeschlechts überhaupt. (Original: *De la société générale du genre humain*) zitiert aus: Jean Jacques Rousseau, *Schriften zur Kulturkritik. Über den Ursprung der Ungleichheit unter den Menschen.* Felix Meiner Verlag Hamburg 1971, pp 285 ff

48 ders., *Vom Geselligkeitszustand des Menschengeschlechts überhaupt.* Ibid pp 207 ff

49 Immanuel Kant, *Idee zu einer allgemeinen Geschichte in weltbürgerlicher Absicht. 1784.* AA VIII: 15-31

50 Leo Frobenius, zitiert nach Karl Heint Jansen, *Literatur und Geschichte in Afrika.* Dietrich Reimer Verlag Berlin 1981, pp 28-33

51 Unesco, *Histoire Générale de l'Afrique de XVIe au XVIIIe siècle.* Paris 1999. Ibid: B. A. Ogat, *L'histoire des sociétés africaines de 1500 à1800.*pp1033ff

Weitere Quellen und Literatur zum Sklavenhandel: Charly Coleman, *The spirit of French Capitalism: economic theology in the age of enlightenment.* Stanford California 2012; Doudou Diène, *From chains to bonds.* Unesco Publishing Paris 2001; Pernille Ipsen, *Daughters of the Trade: Atlantic Slaves and Interracial Marriage on the Gold Coast.* Paris, University of Pennsylvania Press 2015; Lydia Wilson Marshall, *Landscapes of slavery in Africa.* Routledge, New York, 2021; Achille Mbembe, *Of African Objects in Western Museums.* Rede anlässlich der Verleihung des Gerda Henkel Preises 2018, Düsseldorf; Joseph Ki-Zerbo, *Histoire de l'Afrique noire.* Librairie Haitier, Paris 1978; Kwame Nkrumah, *Sprung über zwei Jahrtausende.*Econ Düsseldorf 1963.; Olaudah Equiano, *The Interesting Narrative 213ft he Life of Olaudah Equiano or Gustavo Vassa, The African, Written by Himself. 1789.* Norton & Comp., New 2001; John Kwado Osei-Tutu (ed), *Forts, catles and society in West Africa: Gold Coast and Dahomey 1450-1960.* Brill Verlag Leiden-Boston 2019; Oascale Pellerin (ed), *Les Lumières, l'esclavage et l'idéologie coloniale.* Classiques Garnier, Paris 2020; Steffen Runke, Von Sklaverei und Freiheit: afrikanische Initiativen zur Abolution an der Goldküste 1841-1897. Campus New York 2019;

Ignatius Sancho, *Letters of the late Ignatius Sancho, an African.* Penguin Books New York 1998

52 Papst Nikolaus V, *Dum Diversas. 1452.* Nach: A. Lorenz und B. Graf von Galen (Hg), *Die Katholische Sozialdoktrin in ihrer geschichtlichen Entfaltung: Eine Sammlung päpstlicher Dokumente vom 15. Jh. bis in die Gegenwart.* Bd 2, Nr VI-XVIII, Aachen 1976

53 José da Costa, *Das Gold des Condors. Berichte aus der Neuen Welt. 1571.* Herder Verlag Freiburg i.Br. 1991, 9 79 (Original: Staatsbibliothek Preußischer Kulturbesitz)

54 Wolfgang Schmale, *Geschichte der „Aufklärung" in der globalen Neuzeit (19. bis 21. Jahrhundert)* Franz Steiner Verlag Stuttgart ,2021 pp 335-345

55 Gemeinsame Erklärung der Vatikanischen Behörden für Erziehung und Entwicklung vom 30.03.2023 zur Unvereinbarkeit der „Entdeckungsdoktrin" mit dem katholischen Glauben.

56 ARTE, *Menschenhandel – eine kurze Geschichte der Sklaverei. 1-4: Kolonialismus und Sklaverei, 1-5: Der Sklavenhandel in den Kolonialreichen.*

57 Chinua Achebe, *Home and Exile.* First Anchor Books Edition September 2001, p 16

58 Abbé de Saint-Pierre, *Projet pour rendre la Paix perpétuelle en Europe. Premier Discours 12-18.* Chez Antoine Schouten, Marchand Libraire M.DCC.XIII. Éditions Garnier Frères, Paris 1981

59 Quellen: Wikibrief, Atlantischer Sklavenhandel

60 Immanuel Kant, *Über den Gebrauch teleogischer Prinzipien in der Philosophie.1788.* Philosophische Bibliothek 1788, p 149, zitiert nach: Eric Voegelin, Collected Works Vol 3, *The History of the Race Idea.* 1933/1988 ibid pp 73-79

61 Eric Voegelin, *The History of the Race Idea: From Ray to Carus.* Ibid pp 73-79

62 Hannah Arendt, *Elemente und Ursprünge totaler Herrschaft: Antisemitismus, Imperialismus, totale Herrschaft.* Piper München

1986, p 407 (Original: The Origin of Totalitarism. New York 1951)

63Quelle: Publikationen der Ex Services League Royal Commonwealth. Recherche Internationale e.V.

64 Achille Mbembe, *Of African Objects in Western Museums.* Dankesrede zur Verleihung des Gerda Henkel Preises 2018. Rhema Verlag 2019

65 Olaudah Equiano, ibid pp 52-72

66 Justin E. H. Smith, *Amos Feind.* ibid pp 119-129

67 Ottmar Ette, *Anton Wilhelm Amo: philosophieren ohne festen Wohnsitz.*I bid p 197 Zur Amo-Forschung: Burchard Brentjes, *Anton Wilhelm Amo. Der schwarze Philosoph in Halle.* Leipzig. 1976; Seloua Luste Boulbina, *Das Ende der Welt: Ein Grabmal für Amo.* in: *The Faculty of Sensing. Thinking With, Through and By Anton Wilhelm Amo.* ibid; Monika Firla, ibid;Daniel Dauvois, ibid; Driss Gharmoul, *Anton Wilhelm Amo: lumière noire. Pour un universalisme réconcilié.* Anton Édition l'Harmattan 2021; Stefan Knauß, *Auf den Spuren von Anton Wilhelm Amo: Philosophie und der Ruf nach Interkulturalität.* Auf den Spuren von transcript, Bielefeld 2023

68 Jürgen Habermas, XI Vorlesung. *Ein anderer Ausweg aus der Subjektphilosophie.* In: Der philosophische Diskurs der Moderne. Zwölf Vorlesungen. Suhrkamp 1985, pp 344 ff

69 Max Horkheimer und Theodor W. Adorno, *Dialektik der Aufklärung. Juliette oder Aufklärung und Moral.* ibid pp 88 ff

70 Thomas von Aquin, *Summa theologica, quaestio I, Art.1-3.* Deutsche Thomasausgabe, Bd 1, Hg. Kath. Akademikerband

71 Aristoteles, *Metaphysik* und *Nikomachische Ethik.* Verlag Felix Meiner, Leipzig 1920-1921

72 ders., *De Anima.* Ibid

73 ders., *De Anima.* Ibid

74 Thomas von Aquin, *De Regime Principum.* Buch I, Kap. I, 14-15, zitiert nach: Texte der Staatstheorie, pp 15-17

75 Eric Voegelin, Briefwechsel Voegelin-Löwith. P 788. Zitiert nach

Peter Opitz, *Eric Voegelin, The Ecumenical Age.* Occasional Papers 104. Ludwig-Maximilians-Universität München 2018, p 104

76 René Descartes, *Die Gewissheit des Geistes.* Aus: *Discours de la méthode. 1637.* Zitiert nach: Texte der Philosophie. Bayerischer Schulbuchverlag München 1967, p 18-20

77 Immanuel Kant, *Kritik der reinen Vernunft.* 1781 /7 AA III, 190 und opus postumum XXIII 39

78 Desmond Tutu, *God Has a Dream.* Doubleday 2004, p 27

79 Léopold Sédar Senghor,*Il m'arrive très souvent de danser de joie.* In: Le Monde. 27.06.1983

80 Wilhelm von Humboldt, *Über den Dualis. 26. April 1827.* GS VI: 25-27

81 Eric Voegelin, *The History of Race. From Ray to Carus.* Kap. 18, *Wilhelm Humboldt's Concept of Individuality. The Force of the Spirit.* 1988 Louisiana Univ. Press, pp164 ff (Original: *Die Rassenidee in der Geistesgeschichte von Ray bis Carus.* Berlin 1933, Verlag Junker und Dünnhaupt)

82 Humberto R. Maturana und Bernard Pörksen, *Vom Sein zum Tun. Die Ursprünge der Biologie der Erkenntnis.* Heidelberg, Verlag Carl Auer 2002, 3. Auflage 2014

83 Bertrand Russel, *Philosophie des Abendlandes.* Piper, München 2004, Piper Verlag, p 156 (Original: *A History of Western Philosophy.* George Allan & Unwin, London 1945)

84 Anton Wilhelm Amo, *Dissertatio Inauguralis Philosophica : De Απαδεια Humanae Mentis.* 1734. Dt. Übers. zitiert nach Burchard Brentjes, Anton Wilhelm Amo. Der schwarze Philosoph in Halle. Ibid

85 Isaac Newton, zitiert nach Marcia Sweet Stayer, *Newton's Dream.* Mc- Gill-Queen's University Press 1988, p 96-106

86 Immanuel Kant, *Kritik der reinen Vernunft.* Erste Analogie Grundsatz der Beharrlichkeit der Substanz. 1787. AA III

87 ders. *Kritik der reinen Vernunft.* Vorrede zur zweiten Auflage 1787. AA III

88 Max Horkheimer u. Theodor W. Adorno, *Dialektik der Aufklärung.* ibid: *Juliette oder Aufklärung und Moral.* pp 88 ff

89 Achille Mbembe, *Kritik der schwarzen Vernunft.* Suhrkamp TB Wissenschaft 2019, p 20 (Original: *Critique de la raison nègre.* Édition la Découverte, Paris 2013)

90 Gottfried Wilhelm Leibniz, *Die Substanz als Energie.* Zitiert nach: Texte der Philosophie. ibid pp 58-60

91 Voltaire, *Candide.1758.* zitiert nach Insel TB 1972, pp 9-13, 184

92 Bertrand Russell, *Philosophie des Abendlandes.* Ibid p 598

93 René Descartes, *Brief an Königin Christine von Schweden. Egmond, 20. November 1647.* Zitiert nach: Texte der Philosophie. ibid p 114-116

94 Immanuel Kant, *Das Ende aller Dinge. 1794.* AA VIII: 325-339

95 ders. Beantwortung der Frage: Was ist Aufklärung? 1784. ibid

96 ders. *Zum ewigen Frieden.* 1795. AAVIII 341-386

97 Voltaire, *Lettres philosophiques. 6. Brief.* zitiert nach Peter Bürger, Zweite Aufklärung. Ein Versuch über Heine. ibid p 25

98 Wolfgang Schmale, *Geschichte der „Aufklärung" in der globalen Neuzeit (19. bis 20. Jahrhundert)* ibid pp 344-345

99 Max Horkheimer und Theodor W. Adorno, *Dialektik der Aufklärung.* Ibid p 15

100 Joseph Prabhu, *Inter-Being: Humanity in an Ecological Age.*a.a.0.

101 Max Horkheimer und Theodor W. Adorno, *Dialektik der Aufklärung.* Ibid pp 88 ff

102 Bertrand Russel, *Philosophie des Abendlandes.* Ibib p 502

103 Achille Mbembe, *Kritik der schwarzen Vernunft.* ibid p 182

104 Immanuel Kant, *Grundlagen der Metaphysik der Sitten.*1785. AA

105 Heinrich Heine, *Verschiedene Geschichtsauffassungen über Frankreich. Salon III. 1833.* In: *Heinrich Heines Sämtliche Schriften.* Verlag Hanser, Hamburg 1971, Bd. III

106 ders. *Reisebilder.* In: *Heinrich Heine. Lästerliche Schriften.* Die Bibliothek der verbotenen Bücher, Heinz-Joachim Fischer (Hg.),

marixverlag Wiesbaden 2010, p 150

107 Max Horkheimer und Theodor W. Adorno, *Dialektik der Aufklärung.* ibid pp 3-4

108 *Wilhelm von Humboldt, Über den Dualis. 26. April 1827. GS VI: 25-27*

109 Emmanuel Levinas, *Die Zeit und der Andere.* Felix Meiner Verlag Hamburg 1984, p 88-89 (Original: *Le temps et l'autre.* Fata Morgana, 1979)

110 Eric Voegelin, *The History of Race. From Ray to Carus.* Ibid Kap. 18: *Wilhelm Humboldt's Concept of Individuality. Pp164 ff The Force of the Spirit. 1988.* Louisiana University Press, p 164 ff

111 Mogobe Bernard Ramose, *Den Kosmopolitismus transzendieren.* In: *Afrikanische politische Philosophie. Postkoloniale Positionen.* Hg: F. Dübgen, St. Skupien, Suhrkamp Verlag 2016, pp 338-348

112 ders. Ibid p

113 Achille Mbembe, *Afropolitanismus.* In: *Afrikanische politische Philosophie.* ibid pp 330-337

114 ders. Of African Objects in Western Museums. Ibid

115 ders. Kritik der schwarzen Vernunft. ibid p 182

116 Léopold Sédar Senghor, *Liberté III. Négritude et Civilisaion de l'Universel.* Éditions du Seuil 1977, p 96-07

117 Denis Diderot, *Jakob und Sein Herr.* Eichborn 1999, pp 369-378 (Original: *Jacques le fataliste et son maître.* Paris 1796)

118 Pierre Teilhard de Chardin, *Le Phénomène Humain.* Éditions du Seuil 1955, p 296

119 Léopold Sédar Senghor, in: Gisela Bonn, *Léopold Sedar Senghor. Wegbereiter der Culture Universelle.* Econ Verlag 1968, pp 139 ff

120 ders. Liberté III. Négritude et Civilisation de l'Universel. Ibid p 97

121 Achille Mbembe, *Kritik der schwarzen Vernunft.* ibid p 173-174

122 Wole Soyinka, Le monde, 18.10 .1969, Interview in: Présence africaine: revue Culturelle 02/1995; ders. *And after Narcissist?* In: African Forum: a quarterly journal of contemporary affairs. 01.04. 1966

123 Bertrand Russell, *Philosophie des Abendlandes.* Ibid pp 501-502

124 Jürgen Habermas, *Ein anderer Weg aus der Subjektphilosophie.* ibid pp 344 ff

125 Joseph Prabhu, *Inter-Being: Humanity in an Ecological Age.* Ibid

126 Jürgen Habermas, *Auch eine Geschichte der Philosophie.* ibid p 807

127 Eric Voegelin, Briefwechsel Voegelin-Löwith. Ibid p 788

128 Plato, *Der Staat. Bildung der Idee.* Kösel & Pustet, München 1925 pp 514-519

129 Humberto Maturana und Bernard Pörsken, *Vom Sein zum Tun. Die Ursprünge der Biologie des Erkennens.* Ibid pp 25-27

130 Bertrand Russell, *Philosophie des Abendlandes.* ibid p 156

131 John Eccles und Karl R. Popper, *Das Ich und sein Gehirn.* Ibid

132 Johann W. v. Goethe, *Die Leiden des jungen Werthers.* Verlag Reclam Stuttgart 1965

133 Peter Bürger, *Zweite Aufklärung. Versuch über Heine.* in: *Aufklärung und Skepsis.* Internationaler Heine-Kongress 1997 zum 200. Geburtstag. Heinrich-Heine-Universität Düsseldorf. Metzler Verlag, Stuttgart-Weimar 1998, pp 19-22

134 Immanuel Kant, *Beantwortung der Frage: Was ist Aufklärung?* 1784. ibid

135 Johann W. v. Goethe, *Die Leiden des jungen Werthers.* ibid p 60

136 Klopstock, *Messias. 1751 I* www. Deutschestextarchiv.de

137 Thomas Mann, *Lotte in Weimar.* Suhrkamp TB 1999, pp 389-398 (Original: 1939, Bermann-Fischer Verlag Stockholm 1939)

138 Ovid, *Metamorphosen 15.Buch.* Insel Verlag Frankfurt/Main 1990

139 Maurice Amuri Mpala-Lutebele, *La parole orale africaine: Une culture „tentaculaire" à vocation universelle.* in: *Oralité, traditions et modernité en Afrique au XXIe siècle.* L'Harmattan, Paris 2019, pp 11-32

140 Fabien Eboussi Boulaga , *L'affaire de la philosophie africaine. Au*

*dela des querelles.* Éditions Terroirs et Karthala, Paris 2011, pp 235 ff

141 Christopher Britt, *Enlightenment in an age of destruction.* Springer Intern. Publ. 2018, p 21

142 Jean Baptiste Malenge Kalunzu, *Philosophie africaine, philosophie de la communication.* L'Harmattan Paris 2012, p 206; s. auch: Grégoire Biyogo, *Histoire de philosophie africaine.* 4 Bde., L'Harmattan, Paris 2006; Charles Bodune, *Oral traditions and aesthetic transfer: creativity and vision in contemporary Black poetry.* Bayreuth African Studies 2001; Claver Boundja, *Métaphysique africaine de la parole.* Prias, L'Harmattan, Paris 2019; Hubert Ivo 1994 ibid; Heinz Kimmerle, *Philosophie in Afrika-afrikanische Philosophie: Annäherung an einen interkulturellen Philosophie-Begriff.* Campus Verlag Frankfurt am Main 1991; Jacob Emmanuel Mabe, *Mündliche und schriftliche Formen philosophischen Denkens in Afrika: Grundzüge einer Konvergenzphilosophie.* Peter Lang Verlag Frankfurt am Main 1982; Achille Mbembe :2013/19, 2016, 2018, ibid; Thaddeus Metz, 2016 ibid; 2005; Joseph M. Nyasani , *An introduction to traditional logic.* Peter Lang Verlag Frankfurt am Main 1982; Mogobe Bernard Ramose 2016 ibid; Hamid Reza Yousefi, *Von der Hermeneutik zur interkulturellen Philosophie. Festschrift für Heinz Kimmerle zum 80. Geburtstag.* Nordhausen, Bautz Verlag 2010; Vansina, *Oral tradition and ist methodology.* in: *General History of Africa.* Bd 1, Heinemann California, Unesco 1981, pp 142-165

143 Unesco, *General History of Africa.* Bd.1 (ed. Joseh Ki-Zerbo) Heinemann-Calofornia-Unesco 1981, pp 121 ff

144 Unesco, *Histoire Générale de l'Afrique de XVIe au XVIIIe Siècle.*ibid pp 1033 ff

145 Léopold Sédar Senghor, *Éthiopique. Chaka – La Voix Blanche.* Éditions du Seuil, Paris 1956

146 Wole Soyinka, *Ogun Abibima.* Rex Collins London, Ibadan 1976

147 Charles Bodune, *Oral Traditions and Aesthetic Transfer: Creativity and Social Vision in Contemporary Black Poetry.* Bayreuth African Studies 58, 2018

148 Krisha Krops, *Bhagavadgita – philosophische Interpretationen im 20. Jahrhundert.* Karl Alber Verlag Freiburg i. Br. 2021 pp 21 ff

149 Wole Soyinka, *AKÉ. Jahre der Kindheit* Ammann Vlg 1981, pp 7 ff (Original: *AKE. The Years of Childhood.* 1981, Rex Collings Ltd. London)

150 Austin Asamoa Tutu,*Das Ashantihaus und seine Entwicklung. Eine Untersuchung des Hausbaus in einem ehemaligen Kolonialgebiet.* Inauguraldissertation TU München 1977

151 Chinua Achebe, *My Home under Imperial Fire.* in: *Home and Exile.* First Anchor Books Edition, September 2001, pp 1-3

152 ders.,*Okonkwo oder Das Alte stürzt.* Suhrkamp Verlag 1983, pp 221-227 (Original; *Things Fall Apart.* William Heinemann Ltd. London 1958)

153 Nelson Mandela, *Meine afrikanischen Lieblingsmärchen.* C.H.Beck Verlag München 2004, pp7-8

154 Eric Voegelin, Brief an Gregor Sebba am 26. April 1967. In: CW 30, p 523. zitiert aus: Peter Opitz, Occasional Papers No 104 A, Eric Voegelin, *An Ecumenic Age.* 2018, pp 90-91

155 Jean Jacque Rousseau, zitiert aus: *Vier Briefe von Herrn Johan Jacob Rousseau an den Herrn von Malherbes über sich selbst.* Montmorency, den 12. Jan. 1762. Zweyter Brief. Universitäts- und Landesbibliothek Sachsen-Anhalt, Digitalisierung von Drucken des 18. Jahrhunderts

156 ders. *Abhandlung über die Frage: hat der Wiederaufstieg der Wissenschaften und Künste zur Läuterung der Sitten beigetragen?* Decipimur sperecti Hor. De Arte poet. v 25, ziziert aus: Jean-Jacques Rousseau, Schriften zur Kulturkritik. Über Wissenschaft und Kunst. 1750, und: Über den Ursprung der Ungleichheit unter den Menschen, 1755. Hg. Kurt Weigand, Felix Meiner Verlag Hamburg 1971, pp 5-58

157 Bertrand Russel, *Philosophie des Abendlandes.* ibid pp 702 ff

158 Denis Diderot, *Jakob und sein Herr.* Die Andere Bibliothek.

Eichborn Vlg. Ffm 1999, pp 274-275 (Original: *Jacques le fataliste et son maître.* Paris 1792)

159 Jean- Jacques Rousseau, *Du contrat social. Prinicipes de Droit Politique.* Zitiert aus: Texte der Staatstheorie. Bayerischer Schulbuchverlag, München 1965 p 110-113

160 Bertrand Russell, *Philosophie des Abendlands,* ibid pp 708-709

161 Peter Bürger, *Zweite Aufklärung. Versuch über Heine.* ibid pp 19-32

162 Zitiert aus: Jean Jacques Rousseau, *Korrespondenzen. Eine Auswahl.* Hrsg. Winfried Schröder, Reclam Verlag 1992, pp 436-437

163 Mme de Maintenon, Mme de Caylus et Mme de Dangeau, *L'estime et la tedresse.* Correspondances intimes réunies et présentées par Pierre-E. Leroy et Marcel Loyau . Editions Albin Michel Paris 1998; *s.* auch : Charly Coleman, *The spirit of French capitalism: economic theology in the age of enlightenment* .Stanford , California 2021; Benjamin Steiner, *Colberts Afrika. Eine Wissens-und Begegnungsgeschichte in Afrika im Zeitalter Ludwig XIV.* Verlag De Gruyter Oldenbourg 2014

164 Niklas Luhmann, *Liebe als Passion. Zur Codierung der Intimität.* Suhrkamp Verlag 1983, 3. Auflage p 164 (Erstauflage 1982)

165 Theodor W. Adorno, *Huldigung an Zerlina.* in: ders. *Moments musicaux. 1952/53* Suhrkamp Verlag 1964, pp 37-39

166 Peter Bürger, *Zweite Aufklärung: Ein Versuch über Heine.* ibid

167 Heinrich Heine, *Zur Geschichte der Religion und Philosophie in Deutschland.* in: ders., Lästerliche Schriften. ibid p 252 (HSA Bd. 8 pp 131-230 )

168 ders. ibid p 214 (HSA Bd 8, pp131-230)

169 Moses Mendelssohn, *Gesammelte Schriften. Bd 12.*Hg. Alexander Altmann, Stuttgart 1976, pp 74 ff; zitiert nach: Martin Fontius, *Mozarts Begegnung mit der Aufklärung.* in: Kreimendahl (Hg.) 2011, pp 367-402

170 Heinrich Heine, *Zur Geschichte der Religion und Philosophie in*

*Deutschland.* ibid p 263 (HSA Bd. 8 pp 131-230)

171 ders. ibid p 255

172 ders. ibid p 260

173 Georg Wilhelm Friedrich Hegel, *Vorlesung über die Philosophie der Geschichte.*1818 ibid Vierter Theil, *Die germanische Welt.* pp 415 ff

174 Heinrich Heine, *Zur Geschichte der Religion und Philosophie in Deutschland.* Vorrede zur 2. Auflage 1852. ibid p 267 (HSA Bd. 8, pp 126-130)

175 Christopher Britt, *Enlightenment in an Age of Destruction.* ibid pp 21 ff

176 Georg Wilhelm Friedrich Hegel, Vorlesungen über die Philosophie der Geschichte. Einleitung. Afrika. ibid pp 113 ff

177 ders. ibid Erster Theil. Die orientalische Welt. pp 136 ff

178 Joseph Prabhu, *Cross-Cultural Hermeneutics After Hegel.* in: Proceedings of the International Conference on Modernity, Critique and Humanism. 2012. Roberto Cantu and Bidhan eds.

179 Bertrand Russell, Philosophie des Abendlandes, ibid p 746

180 Karl Jaspers, *Vom Ursprung und Ziel der Geschichte.* Piper Verlag München 1950, Teil 3, Kap. 1b, pp 21-26

181 ders. ibid

182 ders. ibid

183 ders. ibid

184 Wolfgang Schmale, *Geschichte der „Aufklärung" in der globalen Neuzeit (19. und 20. Jahrhundert).* ibid pp 344-345

185 Jürgen Jacobs, *Don Quijote in der Aufklärung.* Aisthesis Verlag Bielefeld 1992, pp 72-73

186 Gotthold Ephraim Lessing, *Hamburgische Dramaturgie.* in: Gesammelte Werke. Hrsg. Paul Rilla, Carl Hanser Verlag 1968, Bd 2, pp 78 ff

187 Peter Sellars, zitiert aus: Ekkehart Krippendorff, *Mozart weiterdenken.* in: Lothar Kreimendahl (Hg.), *Mozart und die*

*europäische Spätaufklärung.* Problemata Fromann-Holzboog, Stuttgart 2011, pp 417- 425

188 Heinrich Heine, *Zur Geschichte der Religion und Philosophie inDeutschland.* ibid p 252 (HSA Bd 8 pp131-230)

189 Eric Voegelin, Briefwechsel Voegelin-Löwith. ibid p 106

190 Max Horkheimer und Theodor W. Adorno, *Dialektik der Aufklärung.* ibid Vorwort p 3

191 Karl Jaspers, *Die Unabhängigkeit des philosophierenden Menschen.* 1976, dtv München 1997, pp 66-67

192 Emmanuel Levinas, *Die Zeit und der Andere.* Felix Meiner Verlag Hamburg 1984, pp 64-65 Original: *Le temps et l'autre.* PUF, 1983, pp 88-89, Erstauflage Fata Morgana 1979)

193 Immanuel Kant, *Zum ewigen Frieden. 1795.* ibid

194 Abbé de Saint- Pierre, *Projet Pour Rendre la Paix Perpétuelle en Europe. Tome I. Premier Discours. 10-14.* Chez Antoine Schoutten, Marchand Libraire M.DCC.XIII. in: Éditions Garnier, Les Classiques de la Politique. Paris 1981 (htttp://d-nb.info/1074162676)

195 Jean Jacques Rousseau, *Schriften zur Kulturkritik.1755* Felix Meiner Verlag Hamburg 1971, Philosophische Bibliothek Bd 243, pp 228-229

196 Zur Beteiligung der Kolonialarmeen am 1. und 2. Weltkrieg: *Afrika im Zweiten Weltgrieg-Eine thematische Einführung von Karl Rössel.* Interview mit Joseph Ki-Zerbo. Stadt Köln : www.stadt-koeln.de ( undatiert) ; Naoual Astitouh, Manuel Knapp *,Kolonialtruppen im Ersten Weltkrieg.* www.europa.unibas.ch; Philip J. Haythornwaite, The Colonial Wars Sourcebook. Arms ans Armor Press 2015; Britisches Nationalarchiv, London; Archive der Sorbonne und der École Militaire, Paris; Archiv des Komitees vom Internationalen Roten Kreuz u.a.

197 Léopold Sédar Senghor, *Hosties noires.* Éditions Seuil Paris 1948, zitiert aus: Gisela Bonn,*Léopold Sédar Senghor. Wegbereiter des Universellen.* ibid pp 114 ff

198 Hans Magnus Enzensberger (Hg.) *Krieger ohne Waffen. Das Internationale Komitee vom Roten Kreuz.* Die Andere Bibliothek. Eichborn Verlag Frankfurt am Main 2001, p 7

199 Michael Ignatieff, *Die Ehre des Kriegers-II.* in: *Krieger ohne Waffen.*ibidpp303-343

200 Immanuel Kant, *Zum ewigen Frieden.* 1795. AA Bd VIII, pp 341-38

201 ders. ibid

202 Seloua Luste Boulbina, *Kafka's monkey and other phantoms of Africa.* ibid

203 UN- GA Res. 217 A, 1948

204 Europäische Menschenrechtskonvention Art. 1

205 GG der Bundesrepublik Deutschland Art. 1

206 Joseph Ki-Zerbo, im Interview mit Karl Rössel, *Afrika im Zweiten Weltkrieg- Eine thematische Einführung.* Stadt Köln www.stadt-koeln.de

207 zitiert nach: Adelheid Garg, *Positionen afrikanischer Politik. Im Brennpunkt der XXIX Session der UN-Generalversammlung.* Inauguraldissertation LMU München 1978. Dissertations- und Fotodruck Frank. pp 45 ff

208 Achille Mbembe, *Afropolitismus.* in: *Afrikanische politische Philosophie.* ibid p 335

209 Adelheid Garg 1978 ibid

210 Julius Nyerere, *Independance Address to the United Nations.* 14.12.1961. zitiert aus ders. *Uhuru na Umoja. Freedom and Unity.* Oxford University Press 1966

211 Charter of the Organisation of African Unity

212 J.Vansina, Le Royaume du Kongo et ses voisins. in: Joseph Ki-Zerbo, *Histoire Générale de l'Afrique.* Vol 5, Unesco, ibid pp 639-684

213 Achille Mbembe, *Afropolitismus.* in: Dügben/Skupien (Hg.) Afrikanische politische Philosophie, ibid pp 330-337

214 ders., *Of African Objects in Western Museums.* ibid pp 107-107

215 Bernard Ramose, *Den Kosmopolitismus transzendieren.* in:

Afrikanische politische Philosophie. Suhrkamp, Ffm 2016, pp 338-348

216 Julia Kriesel, *Peoples' Rights: Gruppenrechte im Völkerrecht. Theorie und Praxis des kollektiven Menschenrechtsschutzes in Afrika, Amerika und Europa.* Mohr und Siebeck, Tübingen 2020; s. auch Abou Jeng, *Peacebuilding in the African Union. Law, Philosophy and Practice.* Peacebuilding. Cambridge University Press 2012

217 *African Charter of Human and Peoples' Rights.*1981, OAU (*https://au.int.-files-treaties* )

218 Desmond Tutu, *God has a dream. Doubleday, London 2004*

219 Thaddeus Metz, *Auf dem Weg zu einer afrikanischen Moraltheorie?* In: Afrikanische politische Philosophie. ibid pp 295-329

220 Joseph Prabhu, *Inter-Being: Humanity in an Ecological Age.* Ibid

221 Max Horkheimer und Theodor W. Adorno, *Dialektik der Aufklärung.* ibid p 15

222 Bertrand Russell, *Philosophie des Abendlandes.* ibid p 502

223 DIE ZEIT, *Putin vor Gericht? Besser nicht!* Interview mit Henry Kissinger. 25.05.2023

224 Wolfram Eilenberger, *Europa 2030: Der Garten des Candide.* in: Internationale Politik 2009, No 5, pp 10-15; Parag Khanna, *Europa 2030: Vorwärts in's Mittelalter.* Ibid pp 16-20

225 SIPRI: *Military Expenditure Database 1949-2022. Bericht 2022.*Stockholm 24.04.2023

226 Johan Galtung, *Eine strukturelle Theorie des Imperialismus,* in: Dieter Senghaas, *Imperialismus und strukturelle Gewalt,* 1972, pp 35-36

227 Immanuel Kant, *Zum ewigen Frieden,* ibid

228 UNHCR https://www.unric.org

229 ILO, *Modern slavery estimates.* 12.09.2022

230 Joseph H. Carens, *The Ethics of Immigration.* Oxford Univ. Press ,2013, pp 192-193

231 Kazuro Ishigiro, *My Twentieth Century Evening and Other*

*Small Breakthroughs.* Nobel Lecture delivered in Stockholm on 7 December 2017. Faber & Faber 2017, p 35

232 Bertrand Russel, *Philosophie des Abendlandes.* ibid p 502

233 Kofi Annan (Hg.), *Brücken in die Zukunft.* Fischer Vlg 2001, pp 148-149 (Original: *Crossing the Divide. Dialogue Among Cicilizations.* Seton Hall Univ.South Orange, New Jersey 2001

234 Mogobe Bernard Ramose, *Den Kosmopolitismus transzendieren.* ibid p 347

235 Immanuel Kant, *Zum ewigen Frieden.* ibid pp 172 ff

236 Max Horkheimer und Theodor W. Adorno, *Dialektik der Aufklärung.* ibid p 36

237 Jürgen Habermas, *Auch eine Geschichte der Philosophie.* Suhrkamp Verlag Frankfurt am Main 2019, Bd. 2, p 807

238 Eric Voegelin, Briefwechsel Voegelin-Löwith. ibid p 788

239 Ulrich Beck, *Die Metamorphose der Welt,* Suhrkamp Verlag Frankfurt am Main 2017, pp 102-104

240 Joseph Prabhu, *Inter-Being: Humanity in an Ecological Age.* ibid

241 Jürgen Habermas, *Ein anderer Ausweg aus der Subjektphilosophie.* Zwölf Vorlesungen, IX Vorlesung, ibid

242 Achille Mbembe, *Kritik der schwarzen Vernunft.* ibid pp 332-333

243 Hubert Ivo, Muttersprache, Identität, Nation. Sprachliche Bildung im Spannungsfeld zwischen einheimisch und fremd. Ibid

244 Wilhelm von Humboldt zitiert nach Herbert Scurla, ibid.

245 Nelson Mandela, *Der lange Weg zur Freiheit.* Fischer Verlag 1994, p 836 (Original: *Long Walk to Freedom.* Abacus 1995, Erstausgabe: Littel, Brown and Company 1994)

246 Chinua Achebe, *Home and Exile.* Ibid

247 Achille Mbembe, *Kritik der schwarzen Vernunft.* ibid pp 185-193

248 Eric Voegelin, Briefwechsel Voegelin-Löwith, ibid pp 788 ff

249 Jürgen Habermas, *Auch eine Geschichte der Philosophie.* ibid p 807

250 Immanuel Kant, *Zum ewigen Frieden. Königsberg 1795.* Ibid

251 Voltaire, *Lettres philosophiques*. 6. Brief. Zitiert nach Peter Bürger, *Zweite Aufklärung*. *Ein Versuch über Heine*. ibid p25

252 Bertrand Russell, *Philosophie des Abendlandes*. ibid p 746

253 Georg Wilhelm Friedrich Hegel, *Vorlesungen über die Philosophie der Geschichte*. ibid *Erster Theil: die orientalische Welt*. pp 136 ff

254 Joseph Prabhu, *Cross-Cultural Hermeneutics After Hegel*. Ibid

255 Christopher Britt, *Enlightenment in an Age of Destruction*. ibid pp 21 ff

256 Wolfgang Schmale, *Geschichte der „Aufklärung" in der globalen Neuzeit (19. und 20. Jahrhundert*. Ibid pp 344-345

257 Karl Jaspers, *Vom Ursprung und Ziel der Geschichte*. Ibid pp 21-26

258 Wolfgang Schmale, *Geschichte der „Aufklärung" in der globalen Neuzeit (19. Und 20. Jahrhundert)* ibid pp 344-345

259 Léopold Sédar Senghor, *Histoires noires*. Ibid

260 Jürgen Habermas, *Ein anderer Ausweg aus der Subjektphilosophie*. Zwölf Vorlesungen, IX Vorlesung, bid

261 Joseph Prabhu, *Inter-Being: Humanity in an Ecological Age*. Ibid

262 Humberto Maturana, *Vom Sein zum Tun. Die Ursprünge der Biologie des Erkennens*. Carl-Auer Verlag Heidelberg 2002

263 John C. Eccles und Karl R. Popper, *Das Ich und sein Gehirn*. Ibid

264 Theodor W. Adorno, *Huldigung an Zerlina*. Ibid

265 Léopold Sédar Senghor, *Il m'arrive très souvent se danser de joie*. In: Le Monde 27.06.1983

266 Desmond Tutu, *God has a dream*. Ibid

267 Mogobe Bernard Ramose, *Den Kosmopolitismus transzendieren*. Ibid

268 Achille Mbembe, *Kritik der schwarzen Vernunft*. ibid pp332-333

269 Wilhelm von Humboldt, *Über den Dualis.*ibid

270 Johann Wolfgang von Goethe, *Die Leiden des jungen Werthers*. Ibid p 60

271 Theodor W. Adorno, *Huldigung an Zerlina.* Ibid

272 Léopold Sédar Senghor, *Éthiopiques.* Ibid

273 Chinua Achebe, *My Home under Imperial Fire.* In: *Home and Exile.* Ibid pp 1-35

274 Hannah Arendt, Brief an Karl Jaspers am 4.März 1951. In: *Hannah Arendt. Wahrheit gibt es nur zu Zweien. Briefe an die Freunde.* Piper Verlag München 2013 (Hg. Ingeborg Nordmann), pp 126-127

275 Max Horkheimer und Theodor W. Adorno, *Dialektik der Aufklärung.* ibid p 36

276 Achille Mbembe, *Kritik der schwarzen Vernunft.* ibid pp332-333

277 Wilhelm von Humboldt, zitiert nach Herbert Scurla 1976, *Wilhelm von Humboldt. Werden und Wirken.* Ibid p 611

278 Ulrich Beck, *Die Metamorphose der Welt.* Suhrkamp Verlag 2017, pp 102-104

279 Digitalisierte Sammlung der Staatsbibliothek zu Berlin, https//www.digital.staatsbibliothek-berlin.de/werkansicht

280 Stephen Menn and Justin E.H. Smith, *Anton Wilhelm Amo's Philosophical Dissertations on Mind and Body.* Oxford University Press 2022